Luz Pura Solar

Conexión espiritual a la
esencia mágica del Sol

FERNANDO SAMPEDRO

KOLIMA
BOOKS

Título original: *Luz Pura Solar,*
 Conexión espiritual a la esencia mágica del Sol

Primera edición: Abril 2017
© 2017 Editorial Kolima, Madrid
www.editorialkolima.com

Autor: Fernando Sampedro
Dirección editorial: Marta Prieto Asirón
Maquetación de cubierta: Sergio Santos
Maquetación: Carolina Hernández Alarcón
Colaboradores: Desirée Sánchez Campos y Alberto Cañas Molina

ISBN: 978-84-16994-13-7
Depósito legal: M-4861-2017

Luz Pura Solar

ÍNDICE

NOTA: Este libro incorpora material extra descargable mediante «bidis», códigos cuyo contenido se puede descargar a través de una aplicación del mismo nombre (bidi) en su *smartphone*. Si no puede obtener este material de esta forma, puede solicitarlo a la editorial al correo kolima@editorialkolima.com y se lo enviaremos.

INTRODUCCIÓN

Todas las culturas tienen una fascinación especial por las estrellas, por entender su influencia y conexión con el ser humano. En este momento de ascensión planetaria cada vez hay más personas que sienten una llamada especial por el despertar espiritual multidimensional del ser humano completo. Muchas personas se han encarnado en este momento tan especial para la Humanidad con este propósito, personas con gran maestría espiritual. Pero que tengas gran maestría espiritual en otros niveles de tu ser no significa que no tengas que entrenar para actualizarla en este plano. Si deseas manifestar tus verdaderas cualidades espirituales tendrás que entrenarte para integrar tus cuerpos de luz de las estrellas en tu biología. Esto es necesario tanto para tu despertar como para ser un humano multidimensional.

Cuantas más personas aprendan y practiquen este idioma de luz, antes se restablecerán las cualidades vibratorias humanas necesarias para eliminar el caos reinante en el planeta. Restablecer la geometría sagrada de Luz Pura estelar es posible con la actuación individual de muchos seres despiertos aprendiendo a manifestar la Luz Pura en sus vidas.

En este libro vamos a compartir procedimientos prácticos de conexión espiritual con las estrellas. Para ello comenzaremos con el Sol, la estrella más cercana a nuestra vida biológica. Bajar el cielo a la Tierra es el sueño de muchos humanos; es necesario avanzar evolutivamente para hacerlo realidad.

El idioma de Luz Pura que vas a practicar con este libro te servirá como procedimiento básico para la conexión con la

Luz Pura de las estrellas. Aunque cada estrella nos aportará un tono vibratorio especial que aumentará nuestra conciencia multidimensional, el procedimiento básico de conexión es el mismo. Al aprender a integrar en tu campo bioenergético el cuerpo de luz de una estrella estás aprendiendo una metodología que te servirá como base para conectarte a las demás. Es como andar en bicicleta; con independencia de que esta sea de carretera, montaña, doble suspensión, el procedimiento básico para andar con ella será el mismo aunque cada una te aportará unas posibilidades especiales. Con las estrellas sucede lo mismo.

Con este pequeño libro de iniciación a la Luz Pura Solar queremos abrir un camino para la integración del cuerpo bioenergético de Luz Solar. Este cuerpo de luz nos permite dar pasos para integrarnos en el espíritu del Sol, que es una parte de nuestro ser multidimensional, de nuestra identidad biológica; al integrarse de nuevo se abren nuevas posibilidades de consciencia espiritual que irán aflorando desde nuestra esencia biológica. En los siguientes capítulos compartiremos conceptos, metodología y un mapa para avanzar en la integración de nuestros cuerpos de luz.

También te proponemos una serie de competencias a entrenar como seres humanos en evolución:

- Mantener la presencia
- Manejar el idioma de luz
- Ser capaces de regular el campo bioenergético
- Sanar y restaurar nuestras memorias holográficas
- Generar nuestro propio cuerpo bioenergético de Luz Pura Solar
- Activar nuestra semilla estelar para ser portadores de la Luz Pura

Recuerda que el sistema de enseñanza que empleamos no es lineal sino que es holográfico, multidimensional. Con lo cual, si ves que leer o hacer las inducciones que te proponemos te adormece, es normal; estás aprendiendo holográficamente.

Esta metodología es parte del entrenamiento que necesitas para conectarte al Sol y a otras estrellas e ir regenerando tus cuerpos de luz.

Muchas gracias por entrenarte para la ascensión e irradiar luz.

Fernando Sampedro

Puedes encontrar más información sobre el proyecto
Luz Pura en: www.esenciamagica.com

CONCEPTOS
BÁSICOS

GENERANDO VISIÓN EVOLUTIVA CON LUZ PURA SOLAR

Identificándome como Ser de Luz

Con la metodología que te vamos a presentar te proponemos que realices la transición de identidad mundana a identidad humana multidimensional. Aunque te sientas bien, solo por haber nacido en la Tierra te has llenado de programas de pensamiento-sentimiento que te han distorsionado, que hasta cierto punto te han desconectado de tu esencia. Has admitido tu identidad mundana como normal. La educación que has recibido te ha llevado de alguna manera a no creer en ti, a no valorarte adecuadamente como ser humano completo, pues en realidad nunca has tenido un estado referente de quién eres y qué posibilidades tienes como ser de luz en cuerpo físico.

El primer paso, quizás el más sencillo, pasa por la iluminación, empezar a ver y sentir la energía, a entender tu espiritualidad de una manera positiva y autónoma. A darte cuenta de que, ante todo, eres un ser espiritual. A eliminar impedimentos y aprender a reprogramar tu mente y ejercer tu liderazgo vital. En definitiva, a hacerte cargo de tu vida actualizando y mejorando tus programas de pensamiento-sentimiento heredados, instalando físicamente tu esencia.

En el segundo paso te darás cuenta de que tienes que reeducar tu biología, que todo tu cuerpo piensa, se emociona y es espiritual. Que en realidad, como sucede en el resto del

Universo, todo es holográfico, todo tiene más detalle, todo está conectado. Que cada una de tus células, tejidos, órganos, vísceras y glándulas... tienen funciones de inteligencia espiritual, emocional, mental, biológica y no han sido reconocidas conscientemente por ti. Es el momento de ejercer tu liderazgo y restablecer la conexión biológica con tu ser divino solar.

Según vayas avanzando tendrás que ir actualizando y educando tu cuerpo biológico para construir tu cuerpo de luz basado en tu biología multidimensional en conexión con el ser. Esta vuelta al origen la realizarás desde el eje vertical a través de espirales de sanación y actualización de tus cuerpos de luz.

En esas espirales de sanación desprogramaremos las respuestas automáticas involuntarias de baja vibración que tu cuerpo ha aprendido a emitir, sin darse cuenta, en el nivel de carácter. Algunas de estas respuestas emocionales están limitando tu evolución. Ejemplos de estas respuestas automáticas de baja vibración ante estímulos del entorno pueden ser la culpa, la envidia, la rabia, el enfado etc., en definitiva, respuestas automáticas del primer nivel del cerebro, aprendidas en muchos casos para la supervivencia biológica pero que te desconectan parcialmente de tu ser. Una de las metas del proceso de ascensión es que tu cuerpo logre responder a los estímulos del entorno con toda la capacidad de tu ser espiritual. En definitiva, que tu conexión con el ser sea activada desde los centros amigdalinos del cerebro cuando el cuerpo lo considere necesario.

Cada vez que te pongas una inducción de energía de Luz Pura o te plantees actualizar una experiencia pasada, estarás realizando una espiral de sanación.

En cada espiral de sanación utilizamos las doce cualidades de la Luz Pura como valores operativos para aplicar a nuestras experiencias pasadas y actuales.

Estos son los resultados finales que buscamos en este proceso evolutivo:

- Que todo ser humano tenga oportunidad para su despertar y para vivir en Luz Pura
- Que reine la abundancia y la prosperidad material en la Tierra
- Integrar la inteligencia espiritual biológica para vivir en salud y vitalidad independientemente de la edad

Las doce cualidades básicas de la Luz Pura estelar necesarias para la vida humana multidimensional en el planeta son: Consciencia, Amor, Entendimiento, Transparencia, Conexión, Paz, Coherencia de Ser, Gozo de Ser, Integración del Ser, Propósito, Identidad y Liderazgo.

Estas cualidades se agrupan en cuatro «triángulos». Para que puedas disfrutar con precisión de la integración de tu cuerpo de Luz Solar hemos realizado una iniciación detallada en audio para cada uno de los triángulos de la Luz Pura Solar. Pero antes describamos un poco más qué entendemos por idioma de luz.

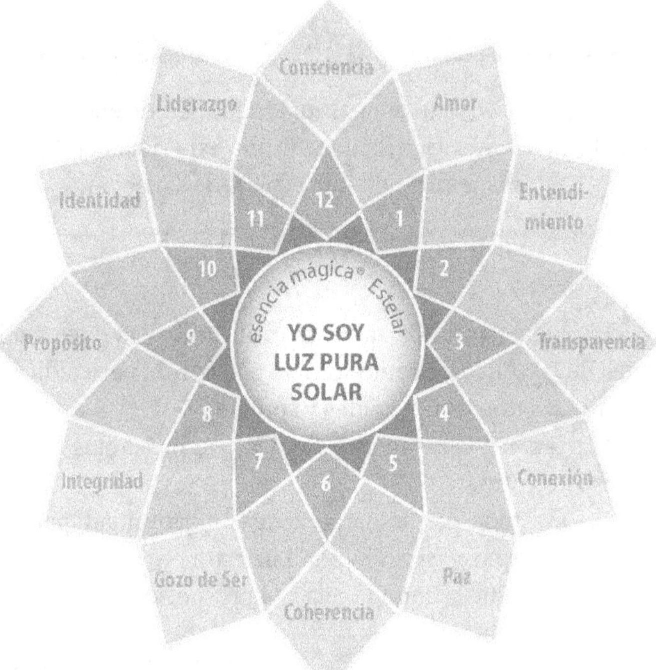

Figura 1. Las doce cualidades básicas de la Luz Pura estelar necesarias para la vida humana multidimensional.

Iniciación a la Luz Pura Solar

Con esta iniciación a la Luz Pura Solar comenzarás un proceso para restablecer tu conexión espiritual con el Sol. Además, aprenderás a integrar una metodología de trabajo multidimensional con la Luz Pura de las estrellas. Esto te ayudará a dar pasos firmes en tu proceso de ascensión, de integración de tu esencia espiritual como ser de luz en las estrellas.

Al iniciarte a la Luz Pura Solar abres un acceso directo para canalizar conscientemente la energía espiritual del Sol. Esto te permitirá revitalizar tu cuerpo biológico canalizando e irradiando la energía del Sol a tu campo áurico, a tus *chacras*, a tus meridianos; también podrás hacerla fluir a través de tus manos como si fuera Reiki Solar. La energía Reiki tradicional es canalizada desde la estrella Sirio B, siendo el método más difundido de imposición de manos para la sanación del cuerpo físico desde el campo espiritual. Con esta iniciación podrás hacer imposición de manos canalizando la esencia mágica del Sol. Al recargarte de vitalidad con la Luz Pura del Sol integras en tu campo bioenergético la esencia mágica del Sol logrando más presencia espiritual en tu cuerpo físico. Algunos efectos de esta presencia espiritual son una mayor precisión mental, silencio interior, equilibrio emocional y fuerza vital.

Este trabajo con la Luz Pura Solar es fundamental para despejar tu campo emocional y mental de la baja vibración. Para afianzar el proceso de ascensión vas a necesitar vibrar más alto, vibrar como mínimo al ritmo de la Tierra y del sistema solar. Esto te va a obligar a eliminar rápidamente, sin contemplaciones, sistemas de creencias y campos de pensamiento-sentimiento negativos de falsa identidad que están adheridos a tu campo bioenergético, generando opacidad y mala comunicación con tus cuerpos de luz de las estrellas que forman parte de tu esencia humana multidimensional. El trabajo completo con el Sol tiene por objetivo restaurar tu identidad biológica como ser de luz. Para dar el primer paso iremos activando, desde la esencia mágica del Sol, tu cuerpo de Luz Solar.

Este proceso te permitirá restablecer tu campo bioenergético, en donde incluimos, como mínimo, los centros superiores de consciencia, el canal central, las capas del aura, los *chacras*, los meridianos, los puntos de acupuntura y el campo electromagnético y fotónico celular.

Este proceso también te va a permitir restablecer tu bioenergética sagrada integrando las doce cualidades de la Luz Pura[1].

Las cualidades de la Luz Pura estelar se dividen en cuatro triángulos sagrados:

1. Consciencia-Amor-Entendimiento
2. Transparencia-Conexión-Paz
3. Coherencia de Ser-Gozo de Ser-Integración del Ser
4. Propósito-Identidad-Liderazgo

Para que puedas disfrutar con precisión de la integración de tu cuerpo de Luz Solar hemos realizado una iniciación detallada para cada uno de los triángulos de la Luz Pura estelar, que incluimos en este libro.

---

1   Canalicé en el 2012 las cualidades de Luz Pura estelar como frecuencias de luz necesarias para bajar el cielo a la Tierra y crear un ambiente energético que facilite el proceso de ascensión del ser humano.

Idioma de luz

Estamos aprendiendo un idioma de luz. Un idioma tradicional está compuesto por un conjunto de símbolos; en este caso, la luz de las estrellas se manifiesta en distintas frecuencias vibratorias que son interpretadas directamente por nuestro cuerpo físico. Para ello vamos a aprender a manifestar Luz Pura de las estrellas desde nuestra esencia multidimensional.

¿Qué ventajas tiene un idioma de luz frente al idioma del lenguaje? El idioma de luz tiene mucho más nivel de veracidad, es decir, tiene menos nivel de distorsión a la hora de ser interpretado que las palabras. El idioma de luz influye positivamente irradiándose en todo el campo energético a la vez, siendo interpretado directamente en todo el nivel biológico, incluyendo la microbiótica, las células, los tejidos, los órganos, los sistemas, los meridianos, los *chacras* y las capas del aura. Por todo ello, el nivel de influencia positiva inconsciente de un idioma de luz es muchísimo más efectivo para realizar nuestra transformación interna y la del entorno que nos rodea, facilita la coherencia del cuerpo físico, mental, emocional y bioenergético, facilita un buen ambiente para la cordialidad y el entendimiento entre las personas.

El idioma de luz ha existido antes que las palabras, antes que el ser humano posara sus pies en la Tierra, antes de que la ciencia demostrara que existe la luz. Es la expresión creadora del Universo, del sistema solar y de la vida.

Somos luz

Los biofotones son fotones de origen biológico que emiten las células para comunicarse entre sí. Todos los organismos vivos emiten esta luz ultra débil. Esta emisión de luz permite a la célula generar su propio campo de equilibro, coherencia vital y propósito. Esta comunicación lumínica hace que la célula tenga sentido de ser y se organice dentro de la construcción del cuerpo físico indicando las instrucciones para la formación de los tejidos y órganos, etc.

Cuando canalizamos la Luz Pura Solar estos biofotones crean una red dinámica y coherente dentro de nuestro cuerpo que lo conecta continuamente con el campo de unidad en donde se manifiesta el Universo. De hecho, en este nivel de la materia no hay separación, somos parte intrínseca de ese campo de unidad. Irremediablemente somos seres luminosos: un 75% de la actividad biofotónica celular se origina en el ADN, en cuya molécula curiosamente la luz se manifiesta de forma coherente. Cuando integramos la Luz Solar en nuestro nivel bioenergético generamos coherencia de luz y, en consecuencia, generamos un entorno biológico que facilita la vida. Somos seres de luz biológica, espiritual, de origen cósmico.

La iluminación es nuestra condición natural; cuando nos conectamos a nuestro origen de luz en las estrellas manifestamos coherentemente nuestra propia esencia en sintonía con el Universo.

El pez es el único animal que no sabe que vive en el agua hasta que esta le falta o deja de ser pura. El ser humano no sabe que vive en un campo cósmico de energía[2] de Luz Pura hasta que se va desconectando de ella, enredado en sus propias limitaciones, en sus campos de pensamiento-sentimiento negativos y se vuelve opaco a su esencia. Cuando esta opacidad se vuelve crónica en nuestro cuerpo bioenergético, vamos perdiendo paulatinamente la conexión con nuestra esencia y empezamos a enfermar sin darnos cuenta. El problema es que, como sociedad, hemos dado por normal este estado enfermizo de opacidad que explicaría muchos de los deterioros físicos comunes.

Esta energía entra a nivel celular y el cuerpo la procesa transformándola en información útil. Por ejemplo, cuando en un día frío de invierno sale el Sol entre las nubes, inmediatamente sentimos el placer de su calor, pero en realidad, si lo midiéramos con un termómetro, el mercurio tardaría en subir y además no lo haría notablemente.

El cuerpo procesa la información solar, sus distintas gamas de frecuencias lumínicas, y responde a ellas, por ejemplo, fabricando vitamina D.

De hecho, los rayos X y los escáneres de resonancia magnética se basan en la medición de frecuencias vibratorias de energía no visibles por el ojo humano.

De todo el mundo es sabido como avisan los huesos cuando va a cambiar el tiempo, o como el cuerpo está más equilibrado y positivo cuando hace un día excelente de Sol. El cuerpo percibe esta coherencia lumínica emitida por el Sol.

Con este idioma de luz la Luna mueve todos los días toneladas de moléculas de agua generando las mareas con su campo gravitatorio, con su luz, con su energía. Aunque la

---

2   Cuando hablamos de energía hablamos de estructura e información codificada a nivel atómico, en forma de luz, sea visible o no por el ojo humano.

ciencia hoy en día dé una explicación lógica a este fenómeno, a mí me parece simplemente mágico. En algunos hospitales las estadísticas indican que en los días de Luna llena aumenta el número de partos naturales. Hay múltiples ejemplos de la influencia de la luz en el ser humano; el porqué funciona así lo dejamos para que nos lo expliquen los científicos.

Podríamos poner muchos más ejemplos pues todo es un gran campo de energía, estructura e información codificada en forma de luz que nuestro cuerpo procesa, lee y biocodifica.

Nosotros nos centraremos en los procedimientos espirituales para educar al cerebro a manejar esta luz.

Integrando el ser en biología

Tu esencia en las estrellas, también llamado tu «Yo Superior», irradia constantemente su luz hacia tu cuerpo físico. Cuando estás iniciado a la Luz Pura se abren tus centros superiores de consciencia y esta energía fluye con naturalidad por el canal central hasta tu octavo *chacra*, irradiando la luz necesaria para crear, regenerar y dar forma a tu cuerpo bioenergético. Cuando activas conscientemente esta conexión directa a tu esencia en las estrellas, generas un flujo de Luz que renueva tu campo áurico constantemente con energía limpia, no distorsionada con los campos de pensamiento-sentimiento del ambiente terrenal.

Esto hace que tu esencia fluya de nuevo por tus *chacras* y meridianos convirtiéndolos en una fuente irradiante de luz estelar que impregna de vida tu cuerpo. Cada parte del cuerpo vibra en una frecuencia estable de ondas de luz que, al concentrarse, da lugar a la materia tangible. Para que el cuerpo físico se vaya equilibrando en el proceso de ascensión debe ir ajustándose a los nuevos ritmos de la Tierra, el Sol y los planetas. Ajustar con precisión el campo electromagnético y fotónico del cuerpo físico hasta lograr el sincronismo con los nuevos ritmos del sistema solar es un paso imprescindible para integrar y mantener nuestra presencia espiritual completa en biología.

La Tierra ha aumentado más de un 40% su vibración interna en un periodo muy corto de tiempo.[3] Este cambio forma parte del proceso de ascensión planetaria. A la vez, el sistema solar ha entrado, según la NASA, en una nube de fotones, campo atómico de luz que, desde mi punto de percepción, propicia que la opacidad de nuestros cuerpos se diluya. Esta nube de fotones había sido anunciada por los pleyadianos y antes por los mayas.

Las competencias a desarrollar como seres humanos en proceso de adaptación a la nueva realidad planetaria son amplias y variadas. Una fundamental es la de ser capaces de mantener nuestro cuerpo espiritual irradiante de luz y estable mientras drenamos de nuestro cuerpo físico la baja vibración almacenada en él durante nuestra vida. En este libro te damos las pautas para regenerar tu cuerpo de luz, práctica esencial en el proceso de ascensión.

Al liberar la baja vibración almacenada se puede producir un desajuste en cualquier parte del cuerpo físico que hace que este pierda coherencia y manifieste síntomas de enfermedad no resuelta o dolores antiguos. Estos dolores no son causados por la alta vibración; son cicatrices internas o restos de enfermedad que el cuerpo había empaquetado para

---

3   Para quien quiera información científica sobre este tema, que consulte las mediciones de las frecuencias de resonancia Schumann y su implicación en el campo magnético de la Tierra.

poder mantener su equilibrio y subsistir; lo que ocurre es que estamos haciendo fluir la vida de nuevo con más fuerza y el cuerpo aprovecha para sanarse, rehacerse y reequilibrarse en una octava más alta.

La baja vibración almacenada en nuestros cuerpos se compone principalmente de toxicidad mental, emocional y química; el cuerpo la ha neutralizado archivándola en forma de miasmas y tumoraciones. El aumento del nivel vibratorio general puede hacer que se generen atascos de luz en esos lugares. Al liberar estas acumulaciones de baja vibración hemos de gestionar de nuevo las emociones y las toxicidades físicas acumuladas. Esto implica sin duda un aumento de nuestra destreza para mantener en equilibrio nuestro campo bioenergético y nuestra biología, siendo imprescindible rehacer constantemente nuestros cuerpos de luz desde las estrellas para biocodificar la nueva información.

Si la Tierra y el sistema solar vibran más alto, nuestras células y tejidos han de adaptarse integrando el nuevo ritmo atómico-molecular y soltar al antiguo. Este nuevo código de luz nos permitirá acceder, a nivel de ADN, a funciones que estaban desactivadas en el anterior nivel vibratorio; se nos abrirán nuevos menús de opciones que con entrenamiento aprenderemos a aprovechar. Los cuerpos de luz creados desde nuestro ser se fusionan e integran en nuestro cuerpo físico a través de la bioenergética.[4]

Esta estructura bioenergética emite constantemente un campo de información, generando el molde espiritual desde tu esencia, que es leído e integrado por tu cuerpo, aportando, entre otras cosas, la conexión del ser en biología, lo que algunos llaman

---

4　La función de la estructura bioenergética, entre otras cosas, es la de integrar la energía espiritual en biología, fusionándose en ella para aportar al cuerpo físico coherencia de ser.

la «presencia». Este campo de energía estructura tu individualidad a través de las capas del aura, los *chacras* y los meridianos.

Una estructura bioenergética fluida y estable, equilibrada e irradiante, hace que la vida circule plenamente por nosotros. Esta fluidez cristalina de nuestra esencia por el cuerpo es imprescindible para la buena salud y la plenitud vital. [5]

Si deseamos recuperar nuestra fluidez vital hemos de dar la vuelta al orden de las cosas: ¿qué fue antes, el cuerpo o el espíritu? En el proceso de ascensión tomas consciencia de que el campo de información espiritual da origen a la biología generando el plano y la estructura de organización etérica necesaria para que la biología se organice creando un cuerpo humano, un perro, o una planta. Sin el campo coherente de luz espiritual la biología dura muy poco; sin ese molde etérico el cuerpo físico empieza a deteriorarse y va generando enfermedad. Si le cerramos totalmente el acceso a la luz el cuerpo puede llegar a descomponerse a una velocidad vertiginosa, como ocurre en el caso de una infección virulenta en donde el campo de información generado por el microbio atasca totalmente la entrada de luz.

Digamos que nuestro espíritu genera el plano e irradia el molde para que, a partir de ahí, nuestros átomos, moléculas y células se organicen creando formas más complejas de estructuración biológica autopensante y con posibilidad

---

5   La estructura bioenergética es la encargada de la formación, mantenimiento y nutrición espiritual, de nuestro cuerpo físico.

de ser auto-conscientes de sí mismas. Un paso en esta espiral de ascensión es ser autoconscientes de nosotros mismos. Dependiendo de ese grado de autoconsciencia podrás programar tu pensamiento, pasando de ser exclusivamente el pensador a ser además el programador de tu sistema de generar pensamientos.

Según el nivel de evolución individual, al principio lo normal es situarte en el cuerpo como un robot biológico presa de su propia programación adquirida en su familia de nacimiento y cultura del país, raza, sexo, etc. En ese nivel de evolución, tu cuerpo se va cargando de programas de sentimiento-pensamiento que se ejecutan continuamente disparados por los estímulos del entorno, orientados principalmente a la supervivencia, la obtención de placer y la formación de la identidad en comparación y competición inconsciente con los demás.

A través de las prácticas de bioenergética estelar y del *coaching floral*®[6] serás consciente de como actualizar los programas de pensamiento-sentimiento que ejecutas automáticamente. Actualizarás tu identidad biológica liberando patrones transgeneracionales. Al acceder a tu esencia espiritual creadora podrás reescribir tu identidad biológica restaurando también tus respuestas emocionales en el nivel del carácter.

---

6   Puedes obtener más información sobre el *coaching floral* en www.esenciamagica.com

PRÁCTICA DE LA PRESENCIA DEL YO SOY

Este es un entrenamiento para la conexión con tu esencia espiritual. Mediante la visualización y verbalización de la palabra YO SOY entrenarás a tu cerebro a conectarse con su esencia espiritual.

Para ello, en un sitio tranquilo, comienza a respirar con una respiración completa alargada, es decir una respiración en la que inspiras durante cuatro tiempos y espiras durante ocho, llevando la respiración hasta el abdomen.

Mientras te concentras en ello vas visualizando un YO SOY encima de la cabeza, y vas llevándolo tranquilamente, *chacra* por *chacra*, desde el octavo *chacra* hasta el cero.

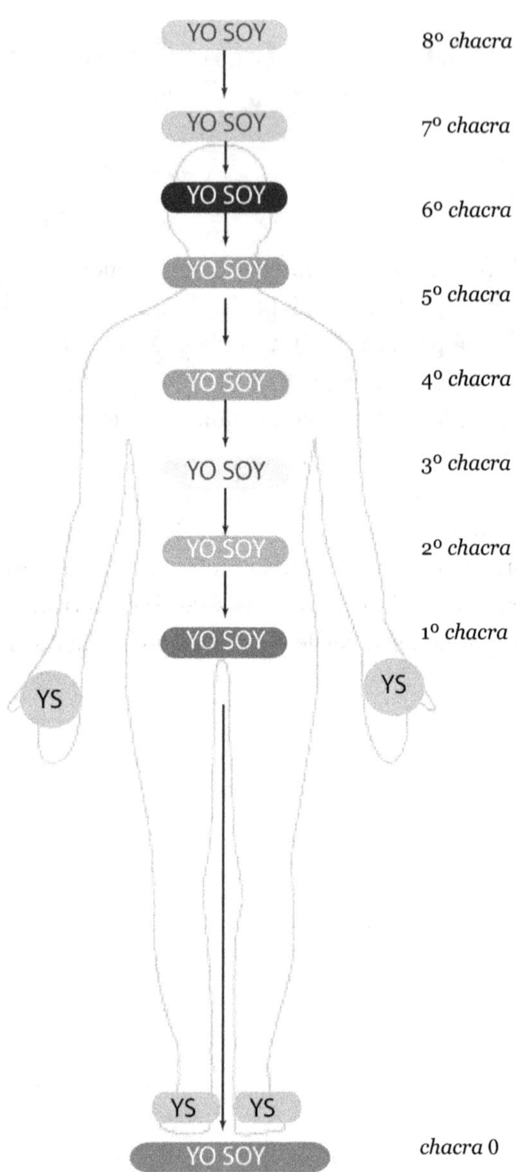

Figura 2. Práctica de la presencia del YO SOY.

Esta práctica te permite aumentar tu presencia espiritual en tu biología y estar con más claridad mental y emocional. Al poner/visualizar las palabras YO SOY por todos los *chacras*, lograrás colocar a cada uno de ellos en su identidad. Al realizar esta práctica del YO SOY con frecuencia, conseguirás llevar tu identidad multidimensional hasta el nivel celular. El objetivo es que la célula, como unidad mínima de consciencia, esté en su identidad del YO SOY.

La palabra YO SOY activa, invoca, manifiesta tu presencia, tu consciencia atemporal y ayuda a poner tu cuerpo en tu identidad.

Realizar este ejercicio con una respiración larga activará el movimiento de la energía en tu cuerpo y te permitirá ir conectándote con tu Yo Superior. También lo puedes hacer echado, poniendo la almohada debajo de las rodillas con la cabeza lisa sobre el colchón o en cualquier postura que te resulte cómoda. Incluso te funcionará mientras caminas por la calle.

Problemas que nos pueden surgir:

Si no eres capaz de visualizar el YO SOY o no puedes imaginarte que lo estás visualizando, intenta imaginártelo sobre una pantalla. También puedes intentar sentirlo o incluso ponerle un sonido, pues unos somos más visuales, otros más sensitivos y otros más auditivos. Una forma de visualizarlo en estas submodalidades puede ser sentirlo como si fuera un cristal algodonoso con sensación mullida y a la vez escuchar YO SOY como si fuera un altavoz con su vibración. Se puede visualizar de muchas formas diferentes;

lo importante es la intención y tu convencimiento en lo que estás haciendo.

Si lo visualizas y al proyectarlo hacia otro *chacra* no logras colocarlo, esto quiere decir que la información a nivel de ese *chacra* está poco en su identidad. Si sigues intentando visualizarlo hasta que se mantenga ahí, conseguirás que ese *chacra* se despeje de energía malsana y se ponga más en su identidad.

Al ir poniéndote en tu identidad te saldrá energía ya usada (malsana) y emociones atascadas; es normal que esto pase. Con la respiración sigue acompasando tu cuerpo con el YO SOY arriba en la coronilla, o si lo necesitas con el YO SOY en el *chacra* cero.

Cuando adquieras más maestría es bueno que lo entrenes, por ejemplo, caminando: caminas cuatro pasos en inspiración visualizando YO SOY en la coronilla y ocho en espiración con el YO SOY en el *chacra* cero (debajo de los pies). También puedes practicar mientras trabajas con el ordenador; así conseguirás marcar el sincronismo de los sentidos.

Esta práctica hay que ir manejándola, porque según vayamos avanzando con tu proceso evolutivo te irá saliendo información antigua del cuerpo que, al salir, puede distorsionar tu campo bioenergético y tendrás que poner de nuevo tus *chacras* en tu identidad.

PRÁCTICA DEL YO SOY
LUZ PURA SOLAR

Esta práctica te permitirá ir activando, a nivel de identidad, tu cuerpo de Luz Pura Solar:

1. Alinea todos tus *chacras* con el YO SOY, como en la práctica anterior

2. Da permiso para que los ayudantes multidimensionales de esencia mágica, los ángeles solares y los seres de luz, guías de la Luz Pura, te asistan y ayuden en esta activación a generar un campo coherente de energía solar en tu cuerpo físico

3. Imagina que desde el templo de la Luz Pura de esencia mágica en el Sol baja un precioso cristal de Luz Pura Solar que irradia su energía desde el octavo *chacra* a todo tu campo bioenergético

4. Pide a los ayudantes de Luz Pura que haya una alineación y se despeje tu canal central con el cristal de Luz Pura Solar

5. A continuación, da permiso para que los ayudantes de la Luz Pura Solar formen una preciosa crisálida irradiante de Luz Pura Solar alrededor de ti

6. Vete dejando que esta Luz Pura Solar vaya quemando las impurezas y opacidades acumuladas en tu campo áurico restaurando la luz en su interior

7. Manifiesta tu intención visualizando y afirmando tranquilamente YO SOY Luz Pura SOLAR en el octavo *chacra*

8. Visualiza y afirma tranquilamente YO SOY Luz Pura SOLAR en el séptimo *chacra*. Visualizas y afirma tranquilamente YO SOY Luz Pura SOLAR en el sexto *chacra*. Visualiza y afirma tranquilamente YO SOY Luz Pura SOLAR en el quinto *chacra*. Visualiza y afirma tranquilamente YO SOY Luz Pura SOLAR en el cuarto *chacra*. Visualiza y afirma tranquilamente YO SOY Luz Pura SOLAR en el tercer *chacra*. Visualiza y afirma tranquilamente YO SOY Luz Pura SOLAR en el segundo *chacra*. Visualiza y afirma tranquilamente YO SOY Luz Pura SOLAR en el primer *chacra*. Visualiza y afirma tranquilamente YO SOY Luz Pura SOLAR en el *chacra* cero

9. Ahora respira y descansa en el templo de la Luz Pura Solar en el Sol y deja que todos los ayudantes de la esencia mágica del Sol te asistan y ayuden para regenerar tu campo áurico, alinear y despejar tus *chacras*, alimentar tus meridianos con Luz Pura Solar y restaurar tu equilibrio bioenergético general

10. Pide a los ayudantes multidimensionales de la Luz Pura que haya una alineación y se despeje tu canal central con el cristal de Luz Pura Solar

Puedes descargar el audio de esta práctica con ayuda de este bidi:

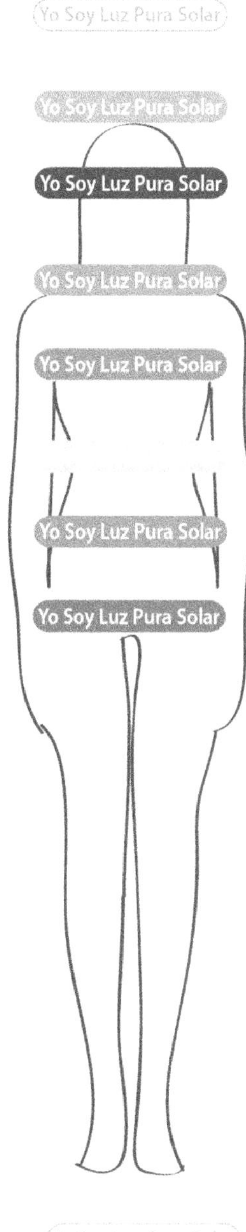

Figura 3. Práctica del YO SOY LUZ PURA SOLAR.

Para poder activar las frecuencias superiores de consciencia hay que dar permiso desde el Yo biológico, dado que desde otros niveles dimensionales se respeta el libre albedrío de los seres biológicos que despiertan.

En este proceso de ampliación de la consciencia humana tenemos todas las ayudas de otros seres de luz que están actuando desde otros niveles dimensionales pero que actúan siempre bajo la ley cósmica del respeto al libre albedrío, con lo cual, aunque su función es la de ayudarnos en nuestro despertar evolutivo, tenemos que activarlos dándoles permiso conscientemente para que ellos ejerzan su ayuda. En el caso de esta iniciación a la Luz Pura Solar damos permiso a los guías de la Luz Pura y a los ángeles solares así como a los maestros ascendidos para la expansión de la consciencia cristal en cada una de las activaciones dimensionales y crisálidas de luz.

CAMPO BIOENERGÉTICO.
LOS CHACRAS

El sistema de *chacras* forma parte de nuestro cuerpo de luz. El Sol alimenta con su luz cada uno de nuestros *chacras* en una frecuencia, en un color específico necesario para nuestro cuerpo. Cuando contemplamos un arcoíris nos quedamos maravillados viendo como la luz del Sol se descompone en distintas frecuencias vibratorias que son visibles como preciosos colores. En realidad nuestro cuerpo se alimenta de esta luz, siendo necesario un equilibrio de todos ellos para la coherencia del ser en el cuerpo físico.

La energía se manifiesta y viaja físicamente en forma de ondas; la distancia entre cada una de las ondas se llama *longitud de onda* y el número de ondas generadas en un segundo se llama *frecuencia*. Cada color tiene su frecuencia y longitud de onda propias. Cada *chacra* está especializado en procesar una frecuencia y una longitud de onda particular y esa frecuencia irradia a los plexos nerviosos correspondientes.

El primer *chacra* se recarga, equilibra y se expresa con el rojo; el segundo, con el naranja; el tercero con el amarillo; el cuarto con el verde; el quinto con el azul; el sexto con el añil y el séptimo con el violeta.

En el caso del *chacra* cero normalmente yo utilizo el blanco, fuente de todos los colores, y en el caso del octavo suelo utilizar igualmente el blanco, el plateado y el dorado, pero principalmente el blanco.

La energía positiva y sana está compuesta siempre por colores vivos, nítidos y brillantes.

Este idioma de luz de múltiples colores actúa a nivel holístico, reponiendo a través de los *chacras* el equilibrio de luz necesario para la vitalidad celular de tejidos, órganos, vísceras, glándulas, etc. Este idioma de luz da coherencia vibratoria a cada parte del cuerpo físico, ayudando a reponer la energía vital en todo el cuerpo humano a la vez.

A través de los *chacras* intercambiamos energía con el entorno, con la Tierra, con las plantas, con los animales y con las personas que nos rodean. Un *chacra* es un modulador energético que hace las funciones de conectar, adaptar, equilibrar, almacenar y distribuir la energía vital en el cuerpo. También es una puerta dimensional a través de la cual puedes conectarte a la energía de la Luz Pura de las estrellas. A través de las iniciaciones que proponemos realizarás esta conexión abriendo un acceso directo a la energía limpia de las estrellas. Cuando orientas y conectas con tu intención tus *chacras* a la energía de Luz Pura emanante del Cosmos (estrellas, planetas, etc.), estos se encargan de asimilar sus fotones y adaptar la luz a un nivel vibratorio que sea asimilable por el cuerpo físico. Al adaptar este nivel vibratorio la energía se traduce en biofotones y en información electromagnética para el sistema nervioso.

Cada uno de los *chacras* es un vórtice por donde fluye la energía hacia dentro o fuera del cuerpo físico y etérico. Cuando vemos etéricamente un *chacra,* podemos observar, además de su velocidad de giro, si emite o absorbe energía, si está centrado o se orienta más hacia un lado u otro; también observamos su grado de apertura, su sincronismo y si su matriz está en perfecto estado o necesita reparación. Además podemos observar si de él salen cordones a otras personas y/o a otras vidas.

Cuando el funcionamiento de los *chacras* es normal, cada uno de ellos estará abierto, girando en el sentido de las manecillas del reloj para asimilar las energías particulares que necesita del campo de energía universal. También es normal que algunos giren en sentido contrario a las agujas del reloj; en este caso la corriente fluye del centro hacia fuera, equilibrando grandes excesos de energía.

Para equilibrar el cuerpo físico podemos tener varios *chacras* que giran en sentido contrario en un momento determinado. Los *chacras* no son solo metabolizadores de energía, también sirven para proporcionarnos información sobre el mundo que nos rodea. Si bloqueamos algún *chacra*, no dejando que entre ni salga la energía, podemos pensar que estamos percibiendo el mundo cuando en realidad estamos percibiendo nuestro propio atasco. Cuando tengamos maestría en el manejo del cuerpo de Luz Solar, nuestros *chacras* estarán emitiendo constantemente energía de alta vibración hacia afuera. Esta capacidad marcará un antes y un después en nuestro proceso de ascensión.

Es importante equilibrar y activar los *chacras* para aumentar nuestro flujo energético, ya que cuanta más energía limpia dejemos fluir más sanos nos encontraremos.

Cada *chacra* tiene una función específica en nuestra relación con el entorno y con nuestra experiencia vital. Lograr aumentar el flujo de luz de manera estable en cada etapa de la vida marca nuestro ritmo evolutivo. Cada etapa vital forma parte de una espiral evolutiva en donde procesamos con intensidad la información retenida o atascada en cada *chacra*. Es importante aprender a reconocer y modular estos patrones evolutivos cíclicos en donde aparentemente se repiten circunstancias. Para ello hemos de ser conscientes de la información retenida y hacerla fluir con la Luz Pura Solar. Mediante las inducciones de energía facilitaremos enormemente el aumento en el flujo de luz de cada *chacra*.

Los ejemplos de nivel evolutivo que ponemos en cada uno de los *chacras* son descriptivos de la primera espiral de aprendizaje correspondiente a las épocas de nacimiento y de la niñez. Los contenidos no resueltos en estos patrones se darán de nuevo en las distintas etapas de la vida: pubertad, adolescencia, juventud, etc. Muchas veces estos ciclos de crecimiento evolutivo están asociados a las famosas «crisis de los 40 o de los 50». Si estos cambios los vives como crisis es que estás teniendo miedo a crecer; inconscientemente no quieres soltar lo antiguo y abrirte a disfrutar de la nueva realidad.

En resumen, la energía en el cuerpo físico se asimila y emite a través de los *chacras*. Para que el cuerpo físico esté equilibrado energéticamente tiene que tener equilibrados los *chacras*. Esto se puede conseguir a través de la visualización con colores, la música, la alimentación y, principalmente, a través de la canalización energética de las estrellas. La clave es asimilar los distintos rangos de vibración que corresponden a cada *chacra* para estabilizar el cuerpo, las glándulas, los órganos, las vísceras, los tejidos, etc.

Primer chacra: base

- *Color:* Rojo
- *Energía equilibrada:* Pasión, excitación, calor intenso, vitalidad, extroversión, entusiasmo
- *Energía en exceso:* Inflamación, irritación, colapso muscular, fatiga, agresividad, ira, resentimiento, victimismo y recalentamiento
- *Carente de energía:* Apatía generalizada, cansancio crónico
- *Nivel evolutivo:* Sexualidad. Nivel de auto-consciencia: «tengo derecho a todo», «solo existo yo, todo es para mí». Con este *chacra* me conecto directamente al núcleo terrestre; es un *chacra* orientado hacia la supervivencia individual y, en segundo término, a la supervivencia de la especie. Cuando está equilibrado te sientes con derecho a existir y a manifestar tu individualidad con pleno merecimiento para vivir lleno de recursos. En este *chacra* hay una parte importante de la memoria prenatal de merecimiento que podrás actualizar con las inducciones. Si pones la energía del primer *chacra* al servicio del corazón disfrutarás de una sexualidad plena con gran expresión de amor. Cuando dejas fluir la energía del primer *chacra* al *chacra* del corazón y de este al cerebro, la creatividad y las ganas de hacer fluyen a raudales. La energía del primer *chacra* puesta al servicio del corazón te conecta con el amor incondicional hacia la vida y el respeto a la individualidad de los demás

Segundo chacra: sacro

- *Color:* Naranja
- *Energía equilibrada:* Fuerza vital, ganas de hacer, espontaneidad, empuje, derecho de influencia, coordinación, nutrición, favorece la estructuración vital, acción
- *Energía en exceso:* Tensión, estado de alarma, extroversión
- *Carente de energía:* Falta de vitalidad, convalecencia, escasez de ánimo, timidez
- *Nivel evolutivo:* Sensualidad. Consciencia de que hay diferencia entre tú y lo demás. Existen otras cosas, empiezo a moverme y percibo que hay cosas en el entorno que me aportan sensaciones distintas a mí. Soy independiente. Pongo la fuerza vital a disposición del movimiento: danzo, bailo, salto, hago deporte, las ganas de moverme salen de mi cuerpo. Acción al servicio de la garganta, me permite expresar con pausa y firmeza

Tercer chacra: plexo solar

- *Color:* Amarillo
- *Energía equilibrada:* Capacidad de acción, optimismo, fluidez vital, positividad, alegría
- *Energía en exceso:* Falta de concentración, nerviosismo, ansiedad, incapacidad para relajarse y disfrutar

- *Carente de energía:* Depresión, pereza, falta de tono, miedos, timidez, incapacidad para asimilar la vida
- *Nivel evolutivo:* Acción. Desarrollo la capacidad de acción, poder para dominar el entorno. Este nivel tiene que ver con como digiero la realidad, la vida y si tengo fuerza para interactuar positivamente con las circunstancias vitales. Se desarrolla un nivel mental muy potente; la recepción y emisión de esta energía se hace a través del plexo solar y se extiende a los órganos del sistema digestivo. Tengo el poder para llevar a cabo mi propósito. Tengo el poder para liderar mi vida

Cuarto chacra: corazón

- *Color:* Verde
- *Energía equilibrada:* Sanador universal, es antiséptico, facilita la regeneración, el tono, la armonía, la prosperidad, la esperanza, la sintonía de relación
- *Energía en exceso:* Exaltación, necesidad de atención, extroversión
- *Carente de energía:* Negatividad, separación, aburrimiento
- *Nivel evolutivo:* Armonía. Me permite generar un campo armónico para mi biología y para los que me rodean. A través del corazón me abro a la hermandad. Paso de mi individualidad a darme cuenta de que todos somos células de la Humanidad. Interactúo amorosamente con las diferencias que se manifiestan. Con la apertura del

corazón deseo lo mejor para todos. Ganas de vivir desde el amor incondicional

Quinto chacra: garganta

- *Color:* Azul
- *Energía equilibrada:* Refrigeración fisiológica, asertividad, comunicación, estar centrado y claridad mental
- *Energía en exceso:* Frío, resfriados, parálisis
- *Carente de energía:* Exceso de calor, inflamación, insomnio, barullo mental, introversión
- *Nivel evolutivo:* Creación, autodefinición. Es el *chacra* de la comunicación. A través de la palabra definimos el mundo y nos autodefinidos. Me permite expresar mis realidades a través de la voz. Es un *chacra* fundamental para la cocreación material, para la manifestación de mis deseos a través de la voz. Es muy importante hacer buen uso de la palabra pues sus ondas de sonido llegan continuamente al nivel celular. A través de este *chacra* podemos marcar los ritmos del cuerpo

Sexto chacra: entrecejo

- *Color:* Añil
- *Energía equilibrada:* Coordinación del resto de los colores, favorece la creatividad y la autorresponsabilidad. Conciencia ampliada, purificador
- *Energía en exceso:* Falta de practicidad, poco enraizamiento
- *Carente de energía:* Convulsiones, desequilibrio nervioso, falta de centramiento para coordinar todos los anteriores
- *Nivel evolutivo:* Activa la clarividencia, la telepatía y la intuición. El entrecejo nos permite salirnos de la realidad hipnótica de los cinco sentidos, de lo tangible, de lo medible, cuantificable y nos permite abrirnos a la intuición. Activa el Tercer Ojo, la glándula pineal. Una vez activada te permite sentir y ver tu cuerpo internamente. Abre la posibilidad de percibir y comunicar con realidades superiores de consciencia como ángeles, seres de luz, etc. Muy útil para percibir la realidad energética. Tu esencia no la puedes encontrar fuera de ti, solo la puedes encontrar en el plano energético, pues es atemporal. La vida es la manifestación biológica de tu intención divina. Tu deseo evolutivo es conectar tu esencia al cuerpo para sentirte completo. El sexto *chacra* te conecta con esa intención

Séptimo chacra: corona

- *Color:* Violeta
- *Energía equilibrada:* Conexión cuerpo-espíritu, limpieza emocional, disciplina, transcendencia, amor incondicional a la vida espiritual consciente
- *Energía en exceso:* Estar fuera de la realidad
- *Carente de energía:* Poca conexión con el mundo espiritual, adicciones, vicios, infecciones, conexión con la parte animal
- *Nivel evolutivo:* Conexión con la esencia. Es el *chacra* corporal con el nivel vibratorio más alto. Facilita la conexión con el ser superior a través del cerebro, irradiando energía hacia el córtex cerebral. Conecta con el eje vertical, con nuestros niveles superiores de consciencia. Aporta sentido de ser y propósito transcendente

Chacra cero

- *Color:* Blanco. Incluye todo el espectro vibratorio de todos los colores. Para equilibrar, blanco. Para rebajar la intensidad es fundamental mezclarlo con otros colores
- *Nivel evolutivo:* Ser multidimensional. La activación de este *chacra* es fundamental para la estabilidad de tu cuerpo multidimensional de luz; tiene un mínimo de unos treinta centímetros de diámetro. Está situado, más o menos, metro y medio por debajo de tu perineo;

puedes visualizarlo en blanco conectado al cristal de unicidad de la Tierra. Te conecta magnéticamente con el planeta o estrella donde lo enraíces; puede estar conectado a varias estrellas a la vez. Es importante que tu campo áurico individual quede bien conectado a él

Octavo chacra

* *Color* Multicolor. Activado con luz plateada. Es un sellador alquímico de heridas y estructuras distorsionadas del pasado, venda, elimina agentes patógenos, desintoxicante suave, neutralizador emocional. Viene bien para utilizar en desgarros de capas del aura, fascias y estructuras musculares. Regula el campo anímico o neutraliza depresiones endógenas de los tejidos. Como protección sirve para refractar energías malsanas de otros
* *Activado con luz dorada:* Activa la divinidad dentro de ti. Instala tu esencia divina en el nivel celular, te conecta con la esencia creadora, nutre tanto tu campo bioenergético como el físico, estabilizándolo. Tiene un efecto más suave que la energía violeta, aunque limpia y purifica como ella. Es bueno, junto con el blanco, para recuperarse después de un enfermedad
* *Nivel evolutivo:* Ser cósmico de luz. Está situado fuera del cuerpo, es parte de la estructura etérica de nuestros cuerpos de luz de las estrellas. El octavo *chacra* es uno de tus centros superiores de consciencia. También se llama el «arillo de los santos» pues cuando está activo se ve

como una aureola de luz girando encima de la cabeza. Lo podemos utilizar para conectarnos con maestros ascendidos, con seres de luz, con estrellas; también sirve para canalizar esa luz y llenar espacios a nivel físico. La activación de este *chacra* forma parte del despertar cósmico del *homo sapiens*

La consciencia creadora universal quiere sentirse a sí misma desde diferentes ángulos, desde diversas formas de esencia, y por ello la experiencia de ser humano es la experiencia de reconexión del Cosmos a un cuerpo físico a través del nivel celular.

La apertura de los centros superiores de consciencia, entre los que se encuentra el octavo *chacra,* y el tenerlos girando adecuadamente y alineados a la coronilla, permite esta reconexión.

Cuando alineas esas frecuencias vibratorias por tu tubo de luz con tu *chacra* de la coronilla, tomas consciencia de la experiencia espiritual humana y de para qué estamos aquí. Eso te facilitará integrar y aumentar mucho tu nivel de presencia.

El *homo sapiens* empezó a ser consciente de sí mismo el día en que se puso de pie, porque de manera repentina, el diferencial del campo electromagnético entre el cielo y la Tierra activó la apertura del *chacra* de la coronilla. Entonces pensó: «Debe de haber algo más», «yo debo de ser algo más». Tuvo auto-consciencia en tiempo real de sí mismo. Hasta entonces solo había tenido consciencia completa de sí mismo cuando se moría; mientras tanto funcionaba y grababa experiencias pero que solo eran leídas desde el espíritu cuando este abandonaba el cuerpo; la lectura de estas experiencias desde el ser le permitía planificar las siguientes vidas para continuar con su aprendizaje evolutivo.

En el momento en que el hombre se levanta adquiere más auto-consciencia, se va alineando con su esencia conectando cielo y Tierra a través de su cuerpo físico. A través del canal central hace fluir la información del Universo, irradiando esta energía-información a su campo bioenergético corporal, haciéndola fluir hacia el campo holográfico terrestre y alimentando de información el núcleo cristalino de la Tierra.

Una manera de experimentar esto sería alinear el octavo *chacra* con diversas frecuencias vibratorias estelares, con el Sol (y los planetas que intervienen para el mantenimiento y equilibrio del cuerpo físico), con las Pléyades, con Sirio, con Vega, con Orión, con Arturo, etc. Te enseñaremos cómo hacerlo con la Luz Pura Solar, con un procedimiento que también se puede utilizar para conectarse con el resto de las estrellas.

LAS CAPAS DEL AURA

Como todos sabemos, las capas del aura son una parte importante de nuestro campo bioenergético. Literalmente podemos decir que el aura es nuestra membrana etérica de interacción y protección de nuestro Yo biológico.

Restaurar las capas del aura con geometría sagrada de Luz Pura Solar es fundamental para restablecer y mantener nuestra vitalidad.

Un campo áurico sano, vibrante e irradiante de energía solar, aparte de hacernos más atractivos a la percepción inconsciente de las personas que nos rodean, impide que la baja vibración del entorno o de otros nos influya negativamente.

Podemos decir que cuando hay mucha interacción social, las capas del aura se llenan también de los campos de pensamiento-sentimiento de otros. Seguro que te ha pasado alguna vez que, después de estar con algunas personas, parece que no puedes dejar de pensar en ellas aunque ya estés solo y desees centrarte en otra cosa. La persona que tiene el campo áurico más fuerte siempre influye más. Cuando estamos conectados a nuestra esencia en las estrellas a través de nuestro tubo de luz, podemos llenarlas con energía espiritual del Sol, que es como ducharse de energía positiva todos los días.

Las capas del aura tienen membranas que las diferencian unas de otras y que mantienen sus distancias y las distintas frecuencias escalares de luz estables.

Pero la mayoría de nosotros tenemos las capas rasgadas, opacas o apelmazadas; esto impide que se mantenga la luz limpia dentro de nuestro recipiente individual. La buena ropa térmica va por capas y ejerce un efecto de termo-regulación permitiendo que nuestro calor y humedad se mantengan estables dentro del cuerpo a pesar de las inclemencias del entorno. Las capas del aura también tienen un efecto de protección parecido permitiendo mantener los distintos niveles de frecuencia energética que son necesarias para mantener la conexión plena de nuestro espíritu con nuestra biología.

Restaurando tu campo áurico podrás restablecer una alta densidad de alta vibración en tu cuerpo físico y que este se mantenga espiritualmente estable.

Cuando nuestro campo áurico está deteriorado en cualquiera de sus formas tendemos a enfermar.

Hace tiempo, cuando estaba muy tocado después de un grave accidente de parapente, me dolían mucho los riñones y el hígado; aunque hacía imposición de manos tipo Reiki no lograba eliminar el malestar. Instintivamente se me ocurrió enviar energía con mis manos al campo áurico que rodeaba el riñón; empecé a observar que al trabajar en zonas distantes alrededor de mi cuerpo mis dolores disminuían.

Después, al comenzar a despertar la pineal, empecé a sentir y ver mi campo energético y fui consciente de que si no eliminaba la información registrada en mi campo áurico, no dejaba pasar la luz espiritual limpia desde mi eje vertical y, en consecuencia, mi cuerpo mantenía la misma información de enfermedad y dolor.

Según la ciencia, mis células nacían renovando mi cuerpo por dentro constantemente. Ya había pasado suficiente tiempo como para que no quedara ningún átomo, ninguna célula que hubiera participado en mi accidente, pero yo seguía enfermo, deteriorado y dolorido. También tomé consciencia de que a través de los desgarros absorbía energía malsana del entorno. Era como pretender estar calentito y llevar el abrigo abierto o rasgado mientras fuera hace viento y lluvia. Al darme cuenta de esto empecé a ser ayudado, guiado a aprender a restaurar mis capas con Luz Pura de las estrellas. Comencé a bajar Consciencia, Amor y Entendimiento para avanzar en la restauración de mi campo áurico. Me vino a la cabeza que lo bajara en forma de geometría sagrada, en forma de triángulos, y que fuera regenerando las membranas que separan unas capas de otras. Que me proyectara para fusionarme con el Sol y que me dejara ayudar. Así lo hice y me vi rodeado de seres angélicos irradiando hilos dorados de Luz Pura Solar que sellaban mi campo. Estos hilos dorados eran como fibras de tejido biológico espiritual de luz que se fundían con los tejidos físicos. Era como si se fuera restaurando el espíritu solar de los tejidos, devolviendo coherencia de ser a su ADN, activando su propósito y función.

Mientras estaba en fusión con el Sol, empecé a bajar Luz Pura Solar en forma de láminas solares, renovando mi cuerpo de luz. Capa por capa, con mucho cariño fui restableciendo mi campo bioenergético. Las tensiones emocionales se diluían al fundirse con la luz. Primero se rellenaban las zonas más distorsionadas con láminas doradas de Luz Pura Solar; algunas de estas láminas se fundían con la opacidad neutralizando su vibración hasta derretirse, mientras que en los sitios de más alta vibración iban rellenando el campo hasta volverlo dorado. Al hacer esto me di cuenta de que para sanar mi cuerpo físico era fundamental aprender a restaurar y mantener mi campo áurico. Pero, ¿cómo estabilizarlo? ¿Por qué cuando hacía estas inducciones de energía me llenaba de luz pero después perdía parte de esta energía o la desomatizaba y no lograba mantener mi estructura áurica estable? En ese momento me vino a la mente un viejo episodio de mi vida.

Un día, después de una discusión familiar dolorosa, sin querer me caí de la bicicleta y curiosamente me clavé una estaca en el meridiano corazón de la muñeca. Visto desde mi conocimiento actual, estaba en «brezo negativo», es decir, en modo «personaje de víctima», e inconscientemente generé una autolesión para justificar que ya no podía más, que no me cargaran con más responsabilidades que no eran mías. Cuando entré por la puerta del centro de salud me atendió casualmente una enfermera que asistía a mis cursos. Consideró que me tenía que poner la vacuna del tétanos, pues ya habían pasado más de diez años desde la última, y que, aunque no me gustara, ese era el protocolo y ella me recomendaba no arriesgarme pues el tétanos era muy peligroso. Accedí y según me la puso empecé a ver como mi campo áurico se llenaba de octógonos de oscuridad que me rodeaban e iban asfixiando mi luz. Se lo comenté a mi amiga: «Mira por donde, estoy aprendiendo viendo como funciona la enfermedad, asfixiando la luz y llenando mi cuerpo de opacidad». Pero lo importante era que lo hacía con estructuración geométrica. Empecé a bajar Luz Pura con estructura geométrica y enseguida el efecto negativo de la vacuna se disipó. Al despedirme nos reímos mientras la felicitaba por tener el centro de salud tan limpio, pues era una de las pioneras que se habían ofrecido a bajar luz a los espacios a donde las personas llegan con enfermedad, miedo y sufrimiento.

Es importante que las capas del aura estén estables, centradas e irradiantes de Luz.

Hablando con una colaboradora muy preparada pero que tenía dificultades para ordenar su vida, me di cuenta de que sus capas giraban alrededor de ella continuamente. Era como los caballitos de un carrusel en una feria de pueblo: ella en medio, y sus memorias, emociones y pensamientos girando alrededor de su cuerpo una y otra vez. De hecho, para contarte una cosa daba vueltas al tema y se repetía constantemente. Esta circunstancia –que me ponía de los nervios– era una pérdida de tiempo tanto para mí como para ella. Al darme cuenta de que su campo áurico estaba continuamente rotando alrededor de su cuerpo le propuse que alineara el canal central y empezara a parar la rotación de la energía.

Abrimos el campo áurico con Luz Pura y restablecimos el eje horizontal; costó un tiempo parar el giro pero una vez frenado su comunicación empezó a mejorar. Después de centrar el eje tierra empezamos a organizar y liberar un montón de eventos vitales negativos que la rodeaban continuamente.

Es importante entender que el proceso de ascensión es una evolución en espiral: cuando pasamos por las mismas circunstancias sin evolucionar, estas nos rodean una y otra vez. Si no logramos avanzar, es importante ver si tenemos bien organizado el eje horizontal.

En resumen, las capas del aura de una persona sana han de estar estables, irradiando luz hacia afuera, con sus membranas bien definidas para que mantengan su individualidad. El tubo de luz multidimensional que enraiza a Tierra las llena de luz irradiando su energía en ellas y la geometría sagrada de Luz Pura regenera sus membranas y las mantiene. Con la práctica irás logrando tener una estructura irradiante de tus capas del aura desde el Sol, un duplicado etérico que alimenta constantemente de luz tu cuerpo físico por bilocación fotónica.

Crear nuestro cuerpo de luz individual en el Sol nos permitirá regenerar y mantener la fluidez bioenergética de forma constante.

NIVEL 1
DE
LUZ PURA SOLAR

En el nivel 1 de Luz Pura Solar realizaremos una conexión directa al primer triángulo sagrado de Luz Pura en el Sol. Para ello hemos preparado una inducción que puedes realizar en cualquier momento después de la práctica del Yo Soy Luz Pura Solar. Además, te presentamos una transcripción de la inducción original realizada por mí en fusión con mi Yo Superior del Sol. Para dar potencia a las iniciaciones y que no se queden en una simple meditación, te recomendamos utilizar las inducciones de energía canalizadas y grabadas que se incluyen en este libro, pues bajan la energía original y te abren el tubo de luz multidimensional que te da acceso al Sol. Estas inducciones están grabadas en tiempo real en conexión a la esencia mágica solar.

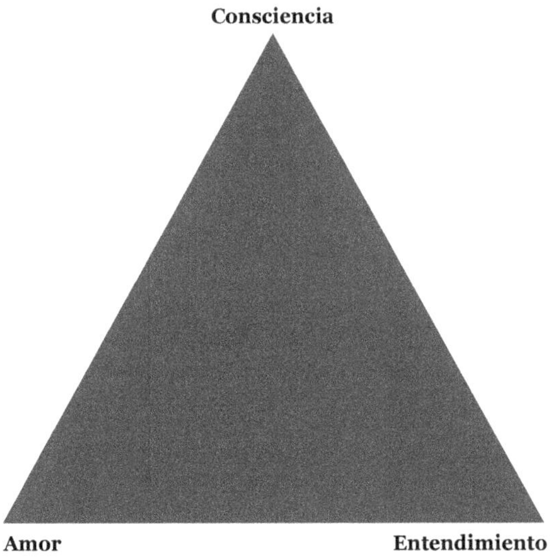

Figura 4. Primer triángulo de Luz Pura Solar.

TRIÁNGULO
CONSCIENCIA-AMOR-ENTENDIMIENTO

Consciencia

Lo primero que necesitamos para comenzar es aumentar la Consciencia. Para ello vamos a pensar en un Universo inteligente, en un Sol irradiante de información que nosotros[1] interpretamos de manera consciente e inconsciente.

El vórtice de Consciencia te abre las puertas a la información que emite cada parte del Universo y a darte cuenta de cómo puedes interactuar con ella.

Una vez que eres consciente de las cualidades e interacciones del mundo que eres y que a la vez rodea tu cuerpo biológico, puedes convertir esta Consciencia en Conocimiento. Sin Consciencia el Conocimiento es pura teoría. La Consciencia es analógica y accedemos a ella desde la intuición; el Conocimiento es lógico y accedemos a él a través del análisis.

Como dice la ciencia, todo es información vibrante, todo está compuesto de campos lumínicos, campos electromagnéticos, átomos, moléculas que están en interacción, en movimiento, creando nuevas formas de realidad material de forma constante.

---

1   Cuando hablo de «nosotros» me refiero también a mi cuerpo humano biológico, a mis células interpretando códigos de luz solares para fabricar, por ejemplo, vitamina D, entre otras sustancias.

Este vórtice te permitirá aprender a leer e interpretar la información que emite y codifica tu cuerpo físico o cualquier otra parte de la creación.

Veamos un ejemplo cotidiano. Cuando vas al supermercado, todos los productos tienen un montón de información escrita. Pero para interpretar dicha información tienes que ser consciente de que esos grafismos forman parte de un idioma. Esto lo das por supuesto ya que tienes incorporado inconscientemente el idioma: tienes la consciencia y el conocimiento suficiente para interpretarlo.

Imaginémonos comprando una lata de aceite de oliva en la que se nos indica: «prensado en frío solo por procedimientos mecánicos».

Esta es una información que puedes leer e interpretar si tienes conocimiento sobre aceites y modos de prensado. Y ¿qué implica esto respecto a su calidad y utilidad para tu cuerpo físico?

Puedes ver un icono que dice «calidad certificada» pero, o eres un especialista o no sabrás qué certifican con ese sello. Necesitarás más conocimiento sobre el tema pues detrás de la certificación hay un proceso que desconoces.

Buscando más información ves un código de barras con líneas y números; en este caso eres consciente de que hay una información más completa pero solo sabrás convertirla en conocimiento cuando pases el producto a través del lector del código de barras de una de las cajas del supermercado.

Si tú tienes Consciencia de tus sensaciones, de tu inteligencia biológica y de tu sentido kinestésico de interpretación de la realidad a través de tu cuerpo, puedes leer e interpretar el código vibratorio emanante de las moléculas de aceite poniendo la mano en la lata de aceite y notando la respuesta vibratoria de tu cuerpo en contacto con el aceite; así sabrás analógicamente cómo te va a sentar cuando lo tomes.

En el caso de la Luz Pura Solar te incitamos a que entiendas tu Consciencia y utilices la Consciencia de tu cuerpo físico para interactuar con la energía del Sol, leyendo su código, fusionándote con él de nuevo.

El Sol te permite tomar Consciencia, entre otras cosas, de la creación material de las formas de vida del planeta y recobrar sus códigos originales en tu cuerpo. Este proceso de fusión solar mejorará, no solo tu Consciencia, sino también tu salud y vitalidad.

También puedes aplicar este vórtice en particular cuando quieras aprender más sobre algo o para atraer conocimiento detallado acerca de un tema de tu interés.

Es muy útil para abrirte a nueva información que necesites atraer en cada momento de tu evolución, para ser consciente de tus procesos internos para poder determinar los pasos a seguir.

Amor

No voy a intentar describir el Amor pues no es posible, por lo menos por mi parte, pero sí vamos a aprender métodos para integrar mejor el Amor irradiante del Sol hacia la Tierra y hacia el cuerpo humano.

El Amor de Luz Pura del Sol genera un campo armónico coherente de luz en tu cuerpo que te hace recordar tu origen divino y recargar vitalidad e ilusión.

Al fusionarte con el vórtice de Amor de Luz Pura Solar se abre de nuevo el paso a la fuerza vital, limpiando el campo bioenergético atascado por la baja estima, liberando miasmas y llenando el cuerpo de energía positiva y ganas de vivir.

Para la integración del Amor solar, puedes seguir el protocolo que se describe en la iniciación del primer triángulo, en este caso aplicando el vórtice de Amor. Una vez que estés en tu crisálida de luz de esencia mágica, puedes aprovechar para realizar la actualización de tu autoestima en el nivel celular desde la conexión espiritual con el Sol.

Cuando estés bien conectado a la esencia mágica solar puedes enviar Luz Pura Solar a situaciones pasadas en donde necesitaste más Amor. La mayoría de nosotros hemos necesitado más Amor en muchas situaciones. Ahora se lo enviaremos desde nuestro nivel espiritual en las estrellas, en este caso en el Sol. Puedes seguir el protocolo descrito, bien en la inducción, o el que se describe a continuación en la iniciación.

Una vez que estés bien conectado envuelves la situación pasada en una crisálida de Luz Pura Solar irradiando Amor a tu campo bioenergético. Verás como va cambiando la vivencia de desamor del pasado y como el campo holográfico asociado a las situaciones de bajo nivel de Amor se va disolviendo y llenando de Luz Pura. Puedes escoger actualizar conflictos del pasado en donde te hayas sentido solo; por ejemplo, discusiones con tu padre o con tu madre, momentos en donde te hayas sentido culpable, donde hayas sentido rabia o frustración por falta de reconocimiento de los demás, etc. En realidad terminarás actualizando gran parte de tu vida, por no decir toda. Pero de momento empieza por mandar Amor de Luz Pura Solar a las situaciones que hemos comentado.

En los niveles dimensionales superiores, desde donde se manifiesta tu esencia, no existe pasado, presente ni futuro. Son simplemente campos holográficos de información asociados a tu biología que puedes disolver y conectar de nuevo con la esencia sanando el síndrome de separación con tu Yo atemporal. Desde tu esencia, la vida biológica es archivada o percibida como campos holográficos, como viñetas o fotogramas multidimensionales que puedes actualizar y completar en cualquier momento, pues para tu ser son atemporales; las situaciones ya vividas son su expresión en espacio-tiempo. Desde este alto nivel de consciencia se puede actualizar cualquier momento de tu vida con la Luz Pura Solar de tu esencia, por nefasto que este haya sido.

Al enviar Amor Solar multidimensional a situaciones pasadas se realiza un gran proceso de sanación en tu cuerpo físico, mental, emocional, bioenergético y espiritual.

Procedimiento resumido para integrar el vórtice de Amor:

Sigues la inducción con el protocolo de conexión al Sol que se expone a continuación. Una vez conectado al templo de la luz de esencia mágica solar, piensas en una situación pasada y activas la crisálida de Amor solar, hasta ver como va cambiando la situación. Repite este procedimiento tantas veces como desees hasta que se disuelva el malestar emocional. La actualización de tu esencia se acaba cuando al recordar esa situación vuelves a sentir Amor. Practica y cada vez te resultará más sencillo.

Enviar Amor solar a cada una de las partes de tu cuerpo, además de llenarlas de vida, es un acto de reconocimiento desde el ser y desde las estrellas por el trabajo bien hecho del cuerpo para mantener su buen funcionamiento. Es como cuando alguien a quien tú admiras o de quien dependes te dice lo bien que lo haces, te dice «te amo», «eres genial». Imagínate al Sol como un ser que ha sido el creador del campo energético en donde se manifiesta la vida, viendo como instintivamente admites que eres el Sol y a la vez una parte individual de él que se nutre constantemente de su frecuencia de Amor por el simple hecho de estar físicamente vivo y coleando, consciente de tu ser solar en cuerpo físico. Cuando el Sol siente tu reconocimiento consciente, él siente su amor expandiéndose a través de ti y se sincroniza con tu cuerpo más y más, aportándole todas sus cualidades hasta que te sientes irradiante de Amor y positividad, siendo uno con el Sol, siendo un Sol humano con patas.

Entendimiento

Siguiendo el mismo protocolo de integración de la esencia mágica de Luz Pura Solar, vamos a disfrutar del vórtice de Entendimiento solar.

Este vórtice hace que se regenere el sincronismo y el acompasamiento de ritmos entre las distintas partes del Universo, hace que se entiendan, que cada una de las partes vuelva a su intención positiva de crear y facilitar la vida. Elimina la distorsión y devuelve la simplicidad, la lozanía y la naturalidad a todas las relaciones atómicas, moleculares, biológicas, emocionales, mentales, bioenergéticas y espirituales. Al recuperar esta simplicidad en el funcionamiento tu cuerpo se reequilibra y de nuevo se siente con acceso a todos los recursos y sabiduría del Universo.

El Entendimiento, en conexión con el Propósito, es fundamental para la vida; el Entendimiento entre cada una de las partes del cuerpo hace que este sea coherente.

Cada función del cuerpo tiene su Propósito; este campo energético de Entendimiento hace que el cuerpo coordine todos sus recursos para generar vida. Cuando no hay Entendimiento no hay coordinación. Imaginemos una ciudad donde no hay Entendimiento. La circulación será un caos, no se recogerá la basura, la calefacción funcionará aleatoriamente incluso cuando hace calor, la comida no estará disponible.

Eso es lo que sucede en nuestro cuerpo físico cuando deja de haber el campo de luz del Entendimiento, un caos que no permite la vida. Cuando hay Entendimiento hay fluidez de vida y las acciones se vuelven simples y armónicas. Muchas veces se pierde la coordinación por un exceso de estrés, o simplemente una parte del cuerpo pierde su sentido de ser con respecto al cuerpo en general. Aplicar el vórtice de Entendimiento facilita de nuevo la interacción positiva. También sirve para que fluya la comunicación en un trabajo o en la familia, para que cada uno se dé cuenta de su papel y su función y se lo facilite a los demás. Si hubiera más Entendimiento entre cada una de la partes de la sociedad, estaríamos viviendo en una sociedad orientada a facilitar la vida y el amor. Vivimos en una sociedad orientada a la especulación, al poder y al consumo masivo. Por eso nuestras vidas necesitan mucha más Consciencia, mucho más Amor y mucho más Entendimiento.

Hay muchos niveles de Entendimiento en el Universo; nosotros activaremos el Entendimiento lógico y el analógico. Cuando aplicas el vórtice de Entendimiento se dan los dos a la vez, pero el principal, el más efectivo, es el analógico pues hace fluir energía e información positiva en aspectos no resueltos que todavía desconoces o que no son visibles aún para ti. El Entendimiento analógico hace fluir de nuevo la Luz Pura Solar hacia vidas pasadas y memorias transgeneracionales, desprogramando herencias genéticas distorsionadas y ayudando a conexionar positivamente extensiones del alma en tu cuerpo de luz actual.

INICIACIÓN AL PRIMER
TRIÁNGULO DE LUZ PURA SOLAR

Esta iniciación está diseñada para enseñar un protocolo activador de la Luz Pura Solar. Ante cualquier duda sobre si la estás realizando bien, puedes recurrir a la iniciación original canalizada y grabada que podrás descargar gratuitamente a continuación de este texto o asistir a un entrenamiento presencial o a una sesión a distancia[2].

- Iniciamos la conexión al Sol respirando abdominalmente, mínimo cuatro tiempos en inspiración y ocho tiempos en espiración
- Vamos visualizando la palabra YO SOY en la coronilla y, si lo deseas, en todos los *chacras*
- Das permiso para que los ayudantes de la esencia mágica y de la Luz Pura Solar te acompañen. También puedes dar permiso a otros ayudantes de Luz Solar de alta vibración como maestros y maestras solares, Hermandad Blanca, ángeles, arcángeles, etc.
- Das permiso para iniciar la acción de incorporar a tu cuerpo bioenergético la Luz Pura Solar. Vas sintiendo, escuchando y visualizando en cada uno de los *chacras*: «YO SOY ESENCIA MÁGICA DE LUZ PURA SOLAR»
- Mientras vas imprimiendo este mandato en todos tus *chacras*, te vas imaginando como el Sol viene hacia ti y se fusiona con tu campo bioenergético. Durante la fusión se van sincronizando tus hemisferios cerebrales y todos los ritmos de tu cuerpo con los ritmos del Sol

---

2   Puedes encontrar más información al respecto en www.esenciamagica.es

- Durante esta fusión se sincronizan tus átomos, se sincronizan tus células, tus tejidos, tus órganos, vísceras, glándulas, huesos, ligamentos, tendones, músculos, tus meridianos, tus *chacras*, tus capas del aura; todo tu ser de luz se sincroniza con tu esencia mágica solar

- A continuación te imaginas ascendiendo por una preciosa espiral cristalina llegando al templo de la Luz Pura de esencia mágica en el Sol. Allí te esperan los guías y ángeles de la Luz Pura Solar que te acogen amorosamente integrándote en su halo de luz

- En este templo hay un campo irradiante de Luz Pura Solar. Te acercas atraído al cristal de Luz Pura Solar y te fusionas en él integrando su Luz Pura en tu médula

- Dentro del templo de la Luz Pura de esencia mágica en el Sol das permiso para que los guías de la Luz Pura Solar generen una crisálida de Luz Pura Solar alrededor de ti que te acoge amorosamente y va regenerando todo tu campo bioenergético

- Te quedas en un estado contemplativo de asimilación de la esencia mágica solar que se irradia hacia ti regenerando todas tus capas del aura, sincronizando tus *chacras*, despejando tus meridianos y aumentando la consciencia celular de tus tejidos y de tus órganos, vísceras, glándulas, etc. Esto te permite integrar la consciencia de Luz Pura Solar y abrirte a nuevas posibilidades de ser y estar en la Tierra como ser biológico de luz

- Una vez que te estabilizas en esta frecuencia vibratoria de Luz Pura Solar darás el paso para integrar las cualidades del primer triángulo sagrado

- Dentro de la crisálida de Luz Pura que te rodea aparece llamativo el vórtice de Luz Pura de Consciencia solar. Lo pulsas mentalmente dando permiso para integrar las ondas de luz irradiantes de Consciencia solar que empieza a emitir la crisálida. Permites integrar en tu cuerpo la

Consciencia de Luz Pura Solar restableciendo el instinto, el conocimiento intuitivo, la percepción inconsciente, la capacidad para tomar consciencia de capacidades de sanación y regeneración no esperadas de tu biología

- Las absorbes integrándolas en tus átomos, integrándolas en tus células, en tus tejidos, en tus órganos, vísceras, glándulas, en tus huesos, ligamentos, tendones, músculos, integrándolas en tus capas del aura, en tus *chacras*, en tus meridianos hasta que logras que todo tu ser de luz se sincronice con la Consciencia espiritual del Sol
- En este estado de sincronismo y alta vibración los guías de la Luz Pura Solar aprovechan, con cristales de acupuntura estelar solar, para restablecer el equilibrio de la Consciencia Solar en tu cuerpo biológico, emocional, mental, bioenergético y espiritual
- Una vez sincronizado, pasas a integrar la siguiente cualidad de la Luz Pura Solar. Ahora das permiso para activar el vórtice de Amor solar
- Dentro de la crisálida de Luz Pura que te rodea aparece llamativo el vórtice de Luz Pura de Amor solar. Lo pulsas mentalmente dando permiso para integrar las ondas de luz irradiante de Amor solar, cualidad que empieza a emitir la crisálida. Permites integrar el Amor solar en tu cuerpo restableciendo la confianza plena en la vida, restableciendo la autoestima en tu biología, el tacto amoroso, la ternura y la pasión de vivir
- Absorbes este Amor solar integrándolo en tus moléculas, en tus células, en tus tejidos, en tus órganos, vísceras, glándulas, en tus huesos, ligamentos, tendones, músculos, integrándolo en tus capas del aura, en tus *chacras*, en tus meridianos, hasta que logres que todo tu ser de luz se sincronice con el Amor espiritual del Sol de donde emana la vida

- En este estado de sincronismo y alta vibración los guías y ángeles de la Luz Pura Solar aprovechan, con cristales de acupuntura estelar solar, para restablecer el equilibrio del Amor solar en tu cuerpo biológico, emocional, mental, bioenergético, espiritual
- Ahora das permiso para activar el vórtice de Entendimiento solar
- Dentro de la crisálida de Luz Pura que te rodea aparece llamativo el vórtice de Luz Pura de Entendimiento solar. Lo pulsas mentalmente dando permiso para integrar las ondas de luz irradiante de Entendimiento solar, cualidad que empieza a emitir la crisálida. Permites integrar el Entendimiento solar en tu cuerpo restableciendo la relación de cada una de las partes del sistema solar con tu cuerpo, restableciendo los flujos de información entre el cielo y la Tierra entre los distintos planos de estructuración de la materia que son necesarios para la vida
- Absorbes este Entendimiento solar integrando nuevas maneras de relación en tus moléculas, en tus células, en tus tejidos, en tus órganos, vísceras, glándulas, en tus huesos, ligamentos, tendones, músculos, integrándolo en tus capas del aura, en tus *chacras*, en tus meridianos, hasta que logras que todo tu ser de luz se sincronice con el Entendimiento espiritual del Sol de donde emana la vida
- En este estado de sincronismo y alta vibración, los guías y ángeles de la Luz Pura Solar aprovechan con cristales de acupuntura estelar solar para restablecer el equilibrio de relación, de entendimiento entre el espíritu solar y tu cuerpo biológico, emocional, mental, bioenergético y espiritual
- Ahora abres tu corazón y das permiso para bajar geometría sagrada de Luz Pura desde la sexta dimensión del Sol. Tus capas del aura se van nutriendo con millones de

triángulos de Consciencia-Amor-Entendimiento de Luz Pura Solar. Estos triángulos van limpiando y sellando tu campo áurico, restableciendo la luminosidad en tu piel, en la primera capa, en la segunda capa, en la tercera, en la cuarta, en la quinta... y así hasta doce capas

- En este alto nivel vibratorio puedes realizar un trabajo de sanación evolutivo para ti
- Piensa en una situación del pasado que quieras actualizar emocionalmente. Manteniendo la situación en tu mente, das permiso para que los guías de la Luz Pura Solar y los ángeles solares rodeen la situación con crisálidas de la Luz Pura Solar. Das permiso para que la crisálida emita hacia dentro geometría sagrada y rayos de Luz Solar que vayan disolviendo los campos de pensamiento-sentimiento de baja vibración guardados por tu experiencia. Una vez que la situación emocional se disuelva, puedes pasar de nuevo a alinear tu canal central y restablecer la Luz Pura Solar en todo tu campo áurico
- Cuando terminas de irradiar Luz Pura Solar en tu cuerpo, das permiso para despejar tu canal central y te imaginas descendiendo hasta el cristal de unicidad del núcleo terrestre y te fusionas en él dando permiso para ser canal de conexión con el Sol para lo que la Tierra necesite. Ahora subes a tu cuerpo actual en la corteza terrestre recobrando los ritmos electromagnéticos con la Tierra en conexión plena con el Sol
- Ahora das permiso para volver al estado de vigilia con más consciencia y equilibrio en tu cuerpo físico

Este es un protocolo simple para automatizar la integración del primer triángulo de las cualidades de la Luz Pura Solar. También puedes utilizar este protocolo para conectarte con el resto de los vórtices de la Luz Pura Solar por separado, por triángulos o en su conjunto.

Para avanzar más fácilmente en tu evolución, incluimos en este libro las inducciones originales canalizadas por el autor y su transcripción escrita. Cuantas más veces pongas el audio y leas el texto, más avanzarás en tu conexión con el Sol.

Puedes descargarte el audio de esta inducción con ayuda de este bidi:

Esta inducción está realizada en un alto nivel de conexión con el Sol. Al haber sido grabada multidimensionalmente, la energía se manifiesta en el espacio donde estás con solo ponerla, no hace falta que entiendas lo que estás haciendo. Esto te garantiza tener una iniciación al Sol guiada. En realidad tengo que decir que la inducción se puede realizar también en silencio, sin lenguaje, pues la energía es irradiada desde mi Yo Superior en fusión con el Sol.

Al escuchar el audio o leer la inducción transcrita estás activando las rutas neuronales de conexión al Sol; puedes hacerlo en lectura rápida o con precisión, cualquiera de las dos maneras va a permitirte integrar mejor los códigos sagrados del Sol en cada lectura. Además puedes aprender detalles útiles para tu evolución personal.

Puedes descargarte la transcripción de esta inducción con ayuda de este bidi:

LA LUPA DE AINTZANE[3]

En este apartado revisaremos con lupa detalles de la transcripción de la inducción que nos pueden ayudar a asimilar conceptos.

Disposición inicial

«Ahora vas permitiendo que se active y se alinee el canal central con la energía de la Luz Pura Solar, vas dejando que los seres de luz, ayudantes de la iniciación a la Luz Pura, preparen y activen el 'crear hogar' con las ondas electromagnéticas y el plasma de la estrella que da luz, que irradia amor y luz a la Tierra».

Antes de comenzar con la iniciación a los vórtices de la Luz Pura Solar, durante aproximadamente los primeros siete minutos de la inducción, generamos la disposición inicial de conexión al Sol de nuestro cuerpo bioenergético, aumentando su nivel vibratorio para facilitar una mayor asimilación e integración. Esta «introducción» se puede tomar como modelo de protocolo para otras inducciones.

---

3   Aintzane es una persona muy comprometida con la expansión de la consciencia y ha transcrito por iniciativa propia los audios de las inducciones. En esta sección comenta aspectos fundamentales de las mismas. Sin su ayuda y estímulo este libro no habría sido posible.

Sincronismo

«Ahora vas permitiéndote entrar en sincronismo de hemisferios cerebrales y vas permitiéndote entrar en ese sincronismo con la energía y ritmos de los campos fotónicos, electromagnéticos de plasma y de otras sustancias que emite el Sol y que codifica directamente tu ADN actual».

En cualquier sistema de comunicación es fundamental el sincronismo. Si deseamos utilizar conscientemente nuestro pensamiento para la cocreación material es imprescindible el sincronismo biológico-espiritual para emitir un pedido claro y conciso al Universo. Cuando no tenemos este detalle en cuenta es muy posible que nuestras vísceras emitan un pedido antiguo mientras nuestro pensamiento consciente emite uno nuevo. La competencia espiritual que estás entrenando es el sincronismo de tu cuerpo biológico con tu esencia solar; esto te permitirá empezar a recuperar tus verdaderas cualidades como ser humano multidimensional. El sincronismo con el Sol es fundamental para la salud, la plenitud vital y la expansión de la consciencia biológica. El máximo sincronismo te lleva al estado de unicidad, eliminando la polaridad excesiva y, en consecuencia, el síndrome de separación de la esencia. Para la recarga energética del cuerpo físico es fundamental el sincronismo atómico, molecular, celular, emocional, mental, bioenergético, espiritual. Si tus cincuenta y cinco trillones de células emiten un pedido de cocreación material en sincronía plena con el Sol, no necesitarás la ley de la atracción, pues simplemente habrás dado un salto cuántico de consciencia y estarás utilizando la ley de la materialización.

Dar permiso

«Mientras eso sucede, ahora se va alineando el canal central con el Sol y das permiso a los guías de la Luz Pura Solar, al propio Sol, a los ángeles solares y a todos los seres de luz que intervienen en el equilibrio en la Tierra para iniciarte a esta sabiduría cósmica también con todos los niveles de conocimiento para el sistema solar, el uso de los planetas y la conexión entre el Sol, la Luna y la Tierra. Ahora te das permiso para ser iniciada/iniciado a la Luz Pura Solar».

Es muy importante dejar que se integre en tu biología la sabiduría de los seres de luz de las estrellas. Para ello la clave es dar permiso para ser ayudado en el camino de ascensión. Cuando das permiso, esa parte de esencia solar que ya has sido y que sigues siendo se integra de nuevo en ti, formando parte de la última versión de tu yo físico.

También has de ser consciente de que, al dar permiso, te estás dando permiso a ti mismo a nivel de personalidad y carácter para realizar el cambio, para llevar a cabo la transformación de tu identidad para la integración de tu cuerpo de Luz Solar. Dar permiso es como cuando introduces las claves de administrador del sistema en tu ordenador para validar una actualización de la versión de un programa que has bajado de la Red. En este caso estás bajando de las estrellas tu cuerpo de Luz Solar actualizándolo.

Los ángeles y guías de la Luz Pura Solar

«A la vez, mientras las manos angélicas de Luz Pura irradian la geometría sagrada que van a reprogramar la fuerza, peristalsia y autoestima a todo tu nivel intestinal».

Los ángeles solares son la expresión de la esencia espiritual del Sol; son parte de la expresión de la Consciencia solar. Esta Consciencia se puede manifestar también en forma de quinta dimensión, en forma de ángeles, como lo describen algunas religiones, o en forma de maestros y dioses, como los ha descrito la mitología. La percepción etérica consciente de los ángeles en forma de cuerpo humano nos permite integrar nuestra esencia espiritual angélica, asimilando su sabiduría en nuestro campo de pensamiento-sentimiento.

La energía que irradian facilita que tú puedas integrar tu cuerpo de luz espiritual de quinta dimensión. Emanan campos de Consciencia pura, manifestando la intención creadora de la vida tal y como la conocemos en el sistema solar.

Son guías de la Luz Pura Solar para la Tierra desde que el Sol es Sol.

Desde su esencia, cada estrella —en este caso el Sol— manifiesta, expresa su identidad espiritual a través del campo de inteligencia arcangélico y angélico solar.

Este cuerpo de luz multidimensional nos ayuda a generar y nutrir nuestro aura, irradiando el código espiritual para que fluya la vida en cada órgano, en cada víscera, en cada glándula, en todos los tejidos y en cada célula.

El Yo Superior de nuestra biología actual ha sido creado por la esencia angélica solar. En resumen, el campo angélico es una energía que nos conecta con nuestra esencia espiritual solar. Antes de estar preparados para encarnar en cuerpo físico individual hemos sido seres angélicos en las estrellas y lo seguimos siendo aunque nos hayamos olvidado; por eso nos sentimos más completos cuando recuperamos e integramos nuestros cuerpos de luz.

Crear hogar

«Se activa el 'crear hogar' en todo el campo sub-atómico, electromagnético y fotónico del espacio en donde estás reprogramando todo el nivel de magnetismo y reprogramando las sales de tu cuerpo y todos los átomos y todas las moléculas y ahora se alinea con Luz Pura, vórtice de Conexión, el tubo de luz de tu eje celular y empieza a entrar en sincronismo con los ritmos auténticos del Sol».

«Crear hogar» es un término que utilizamos para bajar el cielo a la Tierra. Es crear el campo energético que facilita las condiciones bioenergéticas para la vida humana multidimensional completa en la Tierra. Es un campo energético que generas desde tu ser en el espacio-tiempo concreto para eliminar la distorsión del entorno y obtener consciencia plena.

Cuando hablamos de crear hogar para la biología, no solo nos referimos a la bioenergética clásica —capas del aura, *chacras* y meridianos—, sino que también nos referimos a las células, a recobrar la inteligencia espiritual biológica desde la unidad de la consciencia celular, desde su ADN. Desde nuestra propia ceguera, todavía entendemos el nivel de ADN como un conjunto de instrucciones químicas moleculares que están en el cuerpo. Pero, ¿qué sucedería si lo empezáramos a entender como lo entiende el Sol; como un vínculo entre la esencia física y espiritual de la manifestación de la vida solar, como una expresión más del espíritu del Sol? Si lo entendemos así, cada hebra de ADN que logremos ir manteniendo activa en nuestra realidad física aporta a nuestra biología un nivel de inteligencia superior que va regenerando nuestro cuerpo de luz. Cuando cultivemos esta inteligencia espiritual biológica, nuestras propias células crearán hogar por sí mismas generando un entorno positivo en su propio ecosistema facilitando la plenitud vital.

Esto ha de realizarse en múltiples dimensiones a la vez y se puede materializar de múltiples maneras; aquí solo vemos un ejemplo parcial.

Cristal de Consciencia solar

«Mientras esto sucede de una manera totalmente natural vas permitiendo entrar en una espiral de luz de ADN solar que te lleva directamente al templo de la luz cristal de esencia mágica en el Sol. Vas permitiendo que los ayudantes y las ayudantes guías de la Luz Pura te acomoden en todo el nivel de la Consciencia cristal solar que irradia con su plasma y con su campo electromagnético todas las frecuencias para que tu cuerpo recargue vitalidad y rejuvenezca».

Es uno de los cristales que mantienen e irradian las cualidades del Sol. Para la comunicación del Cosmos con tu cuerpo biológico se utilizan filamentos irradiantes de luz que llamamos «ADN solar».

Al biocodificar estos filamentos, tu cuerpo activa e interpreta su información emanando a tu cerebro la Consciencia del Sol.

Para los que no estéis familiarizados con el término de «cristal etérico», he de decir que una de sus funciones es generar un campo de estructuración vibratoria, que en este caso almacena e irradia información al núcleo celular activando su aprendizaje. Estamos acostumbrados a recibir información del nivel espiritual en forma de canalizaciones auditivas o de imágenes. Esto está muy bien y genera mucha confianza mental, pero es un aprendizaje lineal muy lento para el desarrollo de nuestro verdadero potencial. A través de la integración o fusión con estos cristales etéricos, la información es directamente interpretada y asimilada por nuestra inteligencia atómica, molecular y biológica emergiendo al cerebro después de su asimilación. Eso sí es aprendizaje evolutivo, pues este conocimiento multidimensional se da a velocidad de la luz, integrando frecuencias emitidas por el Sol directamente en nuestro cuerpo.

Dimensiones

«Mientras eso sucede de manera natural, subes por una espiral de luz y entras en la sexta dimensión del Sol que incluye la quinta de tu cuerpo espiritual, que incluye la cuarta de tu campo emocional y mental, que incluye la tercera de tu cuerpo biológico, que incluye la segunda de tu campo molecular y también la primera de tu campo atómico y subatómico y el punto cero en tu chacra cero que te permite ahora enraizarte y recargar tu sacro y los genitales con la energía solar pura».

Esta es una forma metafórica de estructurar la materia para que tu hemisferio izquierdo lo entienda y pueda realizar un modelo práctico de interacción entre los distintos niveles de tu ser.

En la inducción nos referimos a las dimensiones como modelo de inteligencia para la estructuración de la materia, no como niveles vibratorios de distinta frecuencia:

1. Nivel dimensional de estructuración atómica: entrenamiento de la inteligencia cuántica
2. Nivel dimensional de estructuración molecular: entrenamiento de la inteligencia química, física
3. Nivel dimensional de estructuración celular: entrenamiento de la inteligencia biológica
4. Nivel dimensional de estructuración mental emocional: entrenamiento de la inteligencia mental-emocional
5. Nivel dimensional de estructuración bioenergética: entrenamiento de la inteligencia espiritual
6. Nivel dimensional de creación de las formas: entrenamiento de la inteligencia de los campos de luz

Este modelo nos sirve para ir aprendiendo a manejar la alquimia dimensional e ir desarrollando la inteligencia en esas áreas.

Todos estos niveles dimensionales son necesarios para que tu cuerpo exista. Hacerlos conscientes y entender su inteligencia te acerca más a poder interactuar con ellos.

Maestros y seres de luz solares

«Mientras esto empieza a suceder de una manera natural y tu ADN recuerda los parámetros de la Luz Pura del Sol, tú ahora entras en un espacio donde los guías solares y los maestros y maestras solares te dan la bienvenida; vas permitiendo que ahora emerja un gran prisma de Luz Pura Solar con sus doce cualidades irradiantes y sus hebras de ADN que activan por resonancia magnética las partes que tu cuerpo tenía olvidadas y activan todas las opciones de sanación y de rejuvenecimiento y de vitalidad continua».

En todas las estrellas hay Consciencia; esta Consciencia se manifiesta de muchas maneras: en forma de luz, en forma de campo electromagnético o en forma humanoide. Las principales formas humanoides que vamos a encontrar son ángeles, seres de luz y maestros. Tenemos tendencia al aprendizaje lineal, a hacer preguntas e intentar canalizar en palabras o imágenes mentales los aprendizajes de los seres espirituales. Esto está muy bien y da mucha satisfacción mental, pero es muy lento. En el proceso de ascensión el aprendizaje holográfico verdadero se realiza por fusión del campo con la esencia espiritual del Sol. Las inducciones de energía te facilitarán enormemente el camino evolutivo pues te integran de nuevo en tu esencia. Con la práctica de esta metodología mejorarás tu autoestima espiritual y te identificarás más con tu esencia aprendiendo a realizar alquimia multidimensional.

Para que tu Yo biológico esté aquí ya has sido Sol, con toda la sabiduría e inteligencia que ello incluye, pero no te acuerdas o simplemente estás desconectado. Al realizar las inducciones de Luz Pura Solar irás integrando de nuevo tu esencia por el proceso de fusionarte con sus campos de inteligencia multidimensional lumínica.

Sincronismo celular

«Se activa el 'crear hogar' en todo el campo sub-atómico, electromagnético y fotónico del espacio en donde estás reprogramando todo el nivel de magnetismo y reprogramando las sales de tu cuerpo y todos los átomos y todas las moléculas y ahora se alinea con Luz Pura, vórtice de Conexión, el tubo de luz de tu eje celular y empieza a entrar en sincronismo con los ritmos auténticos del Sol».

Para generar y estabilizar tu cuerpo de Luz Solar has de volver a tratar tus células como lo que son: inteligentes y espirituales. El campo de pensamiento-sentimiento que emitimos a las células forma parte de su identidad. Al devolverles el sincronismo con el Sol a través de la inducción de energía solar, les devolvemos su consciencia espiritual y sus fusiones de ADN multidimensional. Este sincronismo nos recarga de energía positiva y vitalidad. Es necesario para la reeducación de la biología y la manifestación del amor incondicional hacia nuestra última creación, nuestro cuerpo físico.

Iniciación solar de Luz Pura

«Ahora permites que tu cuerpo de Luz Pura de energía solar vaya reemplazando al cuerpo emocional deteriorado por la desconexión entre cielo y Tierra que ya heredaste de tus ancestros».

En esta parte de la inducción se describe como utilizar la estrella de Luz Pura para empezar una iniciación o crear un campo de energía de Luz Pura Solar. Llevar a cabo una iniciación se puede realizar de diferentes maneras; esta muestra te puede servir de modelo.

A partir del séptimo minuto de inducción comenzamos la iniciación propiamente dicha; primero se generan los duplicados fotónicos y se instala la estrella en su totalidad en nuestro cuerpo bioenergético, a continuación se trata individualmente cada vórtice, en este caso los tres primeros, y a continuación el triángulo que forman.

Disposición final, sincronismo con la Tierra

«Ahora te dejas y entras en esta conexión solar en la corteza terrestre, en tu cuerpo actual, dejas que todo tu cuerpo sincronice esta información y la entienda y activas tu campo en la médula, tus ritmos con la naturaleza y con los ritmos de todo el sistema solar en donde vives, vas activando toda esta consciencia de Luz Pura y tranquilamente vuelves al estado de vigilia trayendo todo el nivel de conexión aquí ahora a este momento de conexión vital en perfecta Coherencia de Ser».

Lo mismo que al comenzar se genera una disposición, una preparación de nuestro cuerpo bioenergético para la iniciación, también se debe tener en cuenta que al final de la inducción nuestro cuerpo ha de quedar lo más armonizado, sincronizado posible para que la transición a la vigilia se realice de una manera natural.

NIVEL 2
DE
LUZ PURA SOLAR

En este segundo nivel de Luz Pura Solar integraremos las cualidades de Transparencia, Conexión y Paz. Este triángulo sagrado te ayudará a estar en tu centro y a actuar desde la consciencia de tu Yo Superior.

Cuando irradias mallas de luz generadas con este triángulo sobre una situación del pasado se elimina directamente el malestar emocional y la conexión con la esencia se restablece. Se biocodifica de nuevo la esencia del Sol en ti y el campo emocional negativo se diluye restableciendo la fuerza y la vitalidad desde el sosiego existencial.

Una de las múltiples aplicaciones de este triángulo es la de eliminar la vibración disfuncional de estrés generado en las células.

Al aplicar este triángulo se ve la información emocional oculta; esta información se deshace cuando la célula se conecta por su tubo de luz con su esencia en las estrellas, recobrando los ritmos del campo electromagnético y fotónico del Sol y recuperando la sintonía existencial con el Cosmos.

Aplicado a una situación concreta, serás consciente de tu identidad en ese momento.

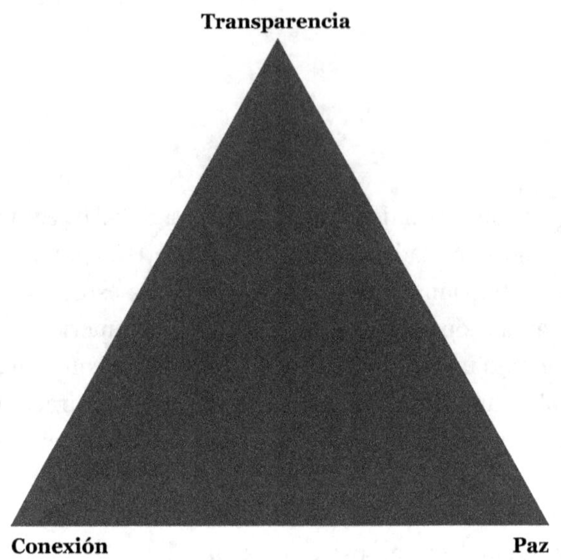

Figura 5. Segundo triángulo de Luz Pura Solar.

TRIÁNGULO
TRANSPARENCIA-CONEXIÓN-PAZ

Transparencia

El vórtice de Transparencia te facilita ver los mapas de la realidad que hay en cada experiencia de tu vida.

Aplicando la luz de Transparencia te haces consciente de los distintos planos de estructuración de la materia que son necesarios para la vida.

Aplicado a una situación concreta, serás consciente de tu identidad en ese momento, de tus creencias, hábitos y patrones, también de lo que no quieres ver. Podrás separar la paja del trigo y marcar la dirección aplicando tus valores. Distinguirás qué emociones tienes atascadas que impiden el flujo natural de la vida. Para ascender y recuperar tu vitalidad tendrás que aumentar tu nivel vibratorio y desprenderte de todas aquellas vivencias con carga emocional negativa que tengas atascadas por tu cuerpo, ya que estos bloqueos impiden que fluya la vida y generan enfermedad y distorsión. Cuando aplicas esta cualidad de la Luz Pura se disuelve toda falsa identidad y se ponen en evidencia los sistemas de creencias que te mantienen atrapado en la oscuridad. Aprenderás a discernir y a soltar los campos de pensamiento-sentimiento adheridos a una situación.

Aplicando mallas de luz con esta cualidad, todas las distorsiones se muestran abiertamente delante de ti; desaparece la distorsión y el autoengaño, dando paso a la veracidad. Por ejemplo, si lo aplicamos a un dolor, saldrán los recuerdos que están sujetando ese dolor físico. Estos recuerdos saldrán por capas hasta recuperar la flexibilidad físico-emocional de los tejidos.

También podemos hacer que salga a la luz lo que nos causa tensión en una relación o qué información emocional hay en las partes del cuerpo que se nos tensan cuando pensamos en realizar una determinada tarea.

Después, todas las demás energías se disuelven sin más. Si ves que el campo energético se queda vacío al quitar la distorsión, es normal. En ese momento aplica el vórtice de Conexión y el primer triángulo, y quedará completo de nuevo.

En el caso del vórtice de Transparencia solar puedes generar una malla de luz que envuelva a una situación, quemando con la Luz Pura Solar los campos de energía que impiden que esa situación vaya por buen camino. Además de disolver el campo emocional que rodea la situación, llena tu campo bioenergético. El Sol siempre disuelve la oscuridad y genera la luz vital por excelencia.

Al igual que el vórtice de Consciencia, este te sirve para ver lo que no quieres ver y diluir los obstáculos emocionales que tú mismo mantienes. Al aplicar Transparencia a tu vida te permitirás ser capaz de ver y sentir los procesos y campos de pensamiento-sentimiento adheridos a tus vísceras, glándulas y órganos. No te horrorices por su pensamiento arcaico o los personajes con los que te veas actuando. Agradéceles su intención positiva, pues todo eso ha permitido que tú hayas llegado hasta aquí. Después aplica de nuevo los vórtices de Luz Pura estelar para actualizar tus antiguos personajes y formas de ser.

Conexión

El vórtice de Conexión, como su propio nombre indica, te conecta directamente a la esencia, en este caso del Sol. Esta conexión al Sol te facilita los códigos binarios para transcender la dualidad y acceder a los campos de energía latentes en el Sol para la regeneración y recarga vital de la biología multidimensional.

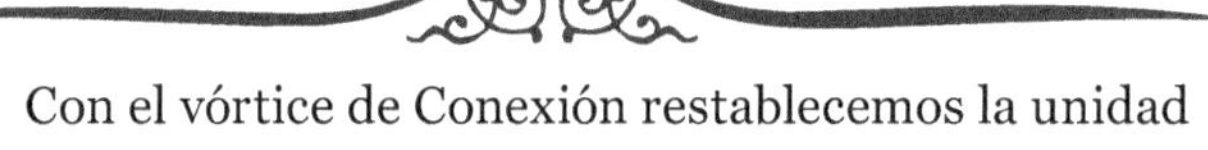

Con el vórtice de Conexión restablecemos la unidad dimensional en el núcleo celular.

El vórtice de Conexión reconecta con la forma original de la vida para el sistema solar desde el plano horizontal.

Reconectar la consciencia plena de las células con la energía del Sol facilita una recarga instantánea de vitalidad, desmagnetiza las opciones de genéticas distorsionadas y las conecta de nuevo a un origen vertical de todas las posibilidades de opción de ADN. Esta conexión favorece la asimilación celular de la luz y conecta cada parte con su propósito.

Todos los personajes que estás desmontando, y los cordones a otras personas o a otras vidas necesitarán reconectarse bien. El vórtice de Conexión los conecta a tu esencia estelar, en este caso aportando el acceso directo a la energía que necesitas para crear de nuevo tu cuerpo cósmico de Luz Pura Solar. Es muy útil para devolver sincronismos y generar sinergias positivas.

Paz

El vórtice de Paz te ayuda a que reconectes con los ritmos naturales de la vida. Te aporta, dentro del campo de espacio-tiempo, un amplio sentido transcendente e intemporal. Es fundamental para eliminar el ritmo del estrés cronificado que muchas veces admitimos como normal en algunos tejidos.

Este campo bioenergético de Paz elimina la irritación, facilita la comunicación y hace que recobremos el sosiego existencial.

Al recobrar el ritmo con el vórtice de Paz toda la luz se reequilibra en el interior celular y se expresa en los tejidos, sincronizando sus movimientos, devolviendo sensibilidad, precisión y tono vital al cuerpo.

Esta cualidad de la Luz Pura es muy importante pues cuanta más consciencia tienes, más tendrás que actualizar tus respuestas viscerales y tus juicios de valor hasta llegar a conquistar el amor incondicional. Es muy importante para ti saber que no has venido a actuar desde la irritación y la guerra. Y para eso necesitas reprogramar tu respuesta visceral de lucha inconsciente y aportar Paz a tu cuerpo. Es muy útil también para sanar relaciones interpersonales o aportar Paz a distancia como apoyo a personas que estén en dificultades.

INICIACIÓN AL SEGUNDO TRIÁNGULO DE LUZ PURA SOLAR

Esta iniciación está diseñada para enseñar un protocolo activador de la Luz Pura Solar. Ante cualquier duda sobre si la estás realizando bien, puedes recurrir a la iniciación original canalizada y grabada que podrás descargar gratuitamente a continuación de este texto o asistir a un entrenamiento presencial o a una sesión a distancia.

- Iniciamos la conexión al Sol respirando abdominalmente, mínimo cuatro tiempos en inspiración y ocho tiempos en espiración

- Vamos activando la presencia con cada respiración repitiendo la metodología indicada en la introducción para la práctica de la presencia del YO SOY

- Repetimos de una manera centrada y pausada la práctica del YO SOY LUZ PURA SOLAR

- Vas sintiendo, escuchando y visualizando en cada uno de los *chacras*: «YO SOY ESENCIA MÁGICA DE LUZ PURA SOLAR»

- Das permiso para que los ayudantes de la esencia mágica y de la Luz Pura Solar te acompañen. También puedes dar permiso a otros ayudantes de Luz Solar de alta vibración como maestros y maestras solares, Hermandad Blanca, ángeles, arcángeles, etc.

- Das permiso para que se repitan automáticamente las iniciaciones y prácticas para la integración de la Luz Pura Solar. Con estos pasos activas tu cuerpo bioenergético a la Luz Pura Solar

- Mientras vas imprimiendo este mandato en todos tus *chacras*, te vas imaginando como el Sol viene hacia ti y se fusiona con tu campo bioenergético. Durante la fusión se van sincronizando tus hemisferios cerebrales y todos los ritmos de tu cuerpo con los ritmos del Sol

- Durante esta fusión das permiso para un aprendizaje existencial; de nuevo empieza el sincronismo con el Sol, todo tu ser de luz se sincroniza con tu esencia mágica solar. Se sincronizan tus capas del aura, tus *chacras*, tus meridianos, se sincronizan tus músculos, tendones, ligamentos, huesos, se sincronizan tus órganos, vísceras, glándulas, se sincronizan tus tejidos, tus células, tus átomos. Todo tu cuerpo asimila consciente o inconscientemente la información de la esencia mágica solar

- A continuación te imaginas ascendiendo por una preciosa espiral cristalina llegando al templo de la Luz Pura de esencia mágica en el Sol. Allí te esperan los guías y ángeles de la Luz Pura Solar que te acogen amorosamente integrándote en su halo de luz

- En este templo hay un campo irradiante de Luz Pura Solar. Te acercas atraído al cristal de Luz Pura Solar y te fusionas en él integrando su Luz Pura en tu médula y extendiéndolo por todo el sistema nervioso. Al sincronizarse de nuevo con el Sol el simpático y el parasimpático equilibran sus ritmos

- Dentro del templo de la Luz Pura de esencia mágica en el Sol, das permiso para que los guías de la Luz Pura Solar generen una crisálida de Luz Pura Solar alrededor de ti, que te acoge amorosamente y va regenerando todo tu campo bioenergético

- Te quedas en un estado contemplativo de asimilación de la esencia mágica solar que se irradia hacia ti regenerando todas tus capas del aura, sincronizando tus *chacras* con el primer triángulo, despejando tus meridianos y aumentando la consciencia celular de tus tejidos y de tus órganos, vísceras, glándulas, etc. Esto te permite integrar la consciencia de Luz Pura Solar y abrirte a nuevas posibilidades de ser y estar en la Tierra como ser biológico de luz

* Una vez que te estabilizas en esta frecuencia vibratoria de Luz Pura Solar vas a dar el paso para integrar las cualidades del segundo triángulo sagrado

* Dentro de la crisálida de Luz Pura que te rodea aparece llamativo el vórtice de Luz de Transparencia solar. Lo pulsas mentalmente dando permiso para integrar las ondas de luz irradiantes de Transparencia solar que empieza a emitir la crisálida. Permites integrar en tu cuerpo la Transparencia de Luz Pura Solar. Al irradiar esta cualidad de la Luz Pura vas diluyendo los campos de pensamiento-sentimiento que te mantenían atado a la distorsión, que aún pareciendo verídicos estaban impidiendo el flujo natural de la vida en tu cuerpo físico actual. La información atascada en el cuerpo se vuelve transparente, percibes las imágenes y experiencias emocionales que están atascadas en tu cuerpo y estas se sueltan fácilmente restableciendo la corriente natural de la vida. Vas recobrando paulatinamente la capacidad para ver, sentir y escuchar la energía. El síndrome de distorsión disminuye y tu capacidad de orientarte vitalmente a tus valores aumenta

* La absorbes integrándola en tus átomos, integrándola en tus células, en tus tejidos, en tus órganos, vísceras, glándulas, en tus huesos, ligamentos, tendones, músculos, integrándola en tus capas del aura, en tus *chacras*, en tus meridianos hasta que logras que todo tu ser de luz se sincronice con la consciencia espiritual del Sol

* En este estado de sincronismo y alta vibración, los guías de la Luz Pura Solar aprovechan, con cristales de acu-

puntura estelar solar, para restablecer el equilibrio de la transparencia y la fluidez de la energía solar en cuerpo biológico, emocional, mental, bioenergético, espiritual.

- Una vez sincronizado, pasas a integrar la siguiente cualidad de la Luz Pura Solar

- Ahora das permiso para activar el vórtice de Conexión solar. Dentro de la crisálida de Luz Pura que te rodea aparece llamativo el vórtice de Luz Pura de Conexión Solar, lo pulsas mentalmente dando permiso para integrar rayos de luz de Conexión Solar, cualidad que empieza a emitir la crisálida directamente a los puntos de más baja vibración de tu cuerpo. Permites reconectar en tu cuerpo todas la frecuencias de Luz Solar necesarias para tu consciencia plena. Restableciendo la Conexión a los recursos y consciencia plena de la esencia mágica solar

- Compartes de nuevo esta Conexión solar espiritual, integrando tu cuerpo de Luz Solar en tus moléculas, en tus células, en tus tejidos, en tus órganos, vísceras, glándulas, en tus huesos, ligamentos, tendones, músculos, integrándolo en tus capas del aura, en tus *chacras*, en tus meridianos hasta que logras que todo tu ser de luz se sincronice creando un acceso directo a la energía espiritual del Sol de donde emana la vida

- En este estado de sincronismo y alta vibración los guías y ángeles de la Luz Pura Solar aprovechan con cristales de acupuntura estelar solar para restablecer el equilibrio de conexión solar en cuerpo biológico, emocional, mental, bioenergético, espiritual. Ahora das permiso para activar el vórtice de Paz Solar

- Dentro de la crisálida de Luz Pura que te rodea aparece llamativo el vórtice de Luz Pura de Paz solar. Lo pulsas mentalmente dando permiso para integrar las ondas multifrecuencia de Luz Solar focalizada, cualidad que empieza a emitir la crisálida. Permites integrar el Entendimiento solar en tu cuerpo restableciendo la relación de cada una de las partes del sistema solar con tu cuerpo. Restableciendo los flujos de información entre el cielo y la Tierra entre los distintos planos de estructuración de la materia que son necesarios para la vida

- Recuperas de nuevo el ritmo de paz en tus tejidos, los sincronizas en conexión con el cosmos a través del Sol integrando nuevas maneras de relación e integración de la energía en tus moléculas, en tus células, en tus tejidos, en tus órganos, vísceras, glándulas, en tus huesos, ligamentos, tendones, músculos, integrándolo en tus capas del aura, en tus *chacras*, en tus meridianos hasta que logras que todo tu ser de luz se sincronice con el Entendimiento espiritual del Sol de donde emana la vida

- En este estado de sincronismo y alta vibración los guías y ángeles de la Luz Pura Solar aprovechan con cristales de acupuntura estelar solar para restablecer el equilibrio de paz y sosiego existencial en tu cuerpo biológico, emocional, mental, bioenergético, espiritual

- Ahora abres tu corazón y das permiso para bajar geometría sagrada de Luz Pura desde la sexta dimensión del Sol. Tus capas del aura se van nutriendo con millones de triángulos de Transparencia-Conexión-Paz de Luz Pura Solar. Estos triángulos van limpiando y sellando tu campo áurico, restableciendo la luminosidad en tu piel, en la primera capa, en la segunda capa, en la tercera, en la cuarta, en la quinta y así hasta doce

- En este alto nivel vibratorio puedes realizar un trabajo de sanación evolutivo para ti

- Piensa en una situación del pasado que quieras actualizar emocionalmente. Manteniendo la situación en tu mente, das permiso para que los guías de la Luz Pura Solar y los ángeles solares rodeen la situación con crisálidas de la Luz Pura Solar. Das permiso para que la crisálida emita hacia dentro geometría sagrada y rayos de Luz Pura Solar que vayan disolviendo los campos de pensamiento-sentimiento de baja vibración guardados por tu experiencia. Una vez que la situación emocional se disuelva puedes pasar de nuevo a alinear tu canal central y restablecer la Luz Pura Solar en todo tu campo áurico

- Cuando terminas de irradiar Luz Pura Solar en tu cuerpo, das permiso para despejar tu canal central, te imaginas entrando en el cristal de unicidad del núcleo terrestre y te fusionas en él dando permiso para ser canal de conexión con el Sol para lo que la Tierra necesite. Ahora subes a tu cuerpo actual en la corteza terrestre recobrando los ritmos electromagnéticos con la Tierra en conexión plena con el Sol
- Ahora das permiso para volver al estado de vigilia con más consciencia y equilibrio en tu cuerpo físico

Este es un protocolo simple para automatizar la integración del segundo triángulo sagrado de las cualidades de la Luz Pura Solar; también puedes utilizarlo para conectarte con el resto de los vórtices de la Luz Pura Solar por separado, por triángulos o en su conjunto.

Para avanzar más fácilmente en tu evolución, incluimos en este libro las inducciones originales canalizadas por el autor y su transcripción escrita. Cuantas más veces pongas el audio y leas el texto, más avanzarás en tu conexión con el Sol.

Puedes descargarte el audio original para la iniciación al segundo triángulo de Luz Pura Solar con la ayuda de este bidi:

Esta inducción está realizada en un alto nivel de conexión con el Sol. Al haber sido grabada multidimensionalmente, la energía se manifiesta en el espacio donde estás con solo ponerla, no hace falta que entiendas lo que estás haciendo. Esto te garantiza tener una iniciación al Sol guiada. En realidad tengo que decir que la inducción se puede realizar también en silencio, sin lenguaje, pues la energía es irradiada desde mi Yo Superior en fusión con el Sol.

Al escuchar el audio o leer la inducción transcrita estás activando las rutas neuronales de conexión al Sol; puedes hacerlo en lectura rápida o con precisión, cualquiera de las dos maneras va a permitirte integrar mejor los códigos sagrados del Sol en cada lectura. Además puedes aprender detalles útiles para tu evolución personal.

Puedes descargarte la transcripción de esta inducción con ayuda de este bidi:

LA LUPA DE AINTZANE

Estado de alquimia multidimensional

«Mientras esto sucede en tus capas del aura, en tus chacras, en tus meridianos, en tus órganos, en tus vísceras, en tus huesos, en tus glándulas, ahora vas recobrando el estado de alquimia multidimensional solar de doce dimensiones, de doce hebras de ADN de activación de tu biología completa».

Alquimia dimensional es el proceso constante que existe en el nivel espiritual para la manifestación física de la creación.

Lo que vamos a recuperar en el proceso de ascensión del ser humano es la consciencia de como creamos la realidad a través del manejo de la alquimia multidimensional.

Imagina que vas al cine, te sientas y ves la pantalla que está en blanco. Cuando se empieza a proyectar la película tu cerebro interpreta lo que ve en la pantalla como algo que está sucediendo de verdad. Todo depende del número de fotogramas por segundo que se estén proyectando; si lo ralentizas te das cuenta de que entre fotograma y fotograma hay un vacío, pero tu ojo no es capaz de detectarlo. Lo mismo sucede con la pantalla de tu ordenador o televisor cuando mantiene estática una foto. La repite una y otra vez para que tú la veas como un hecho material. Cuando nosotros proyectamos un haz de luz coherente a través de un láser vemos esa realidad como algo tangible, como una proyección en tres dimensiones. Pues para que nuestra realidad física exista y podamos vivir en nuestro cuerpo como materia tangible necesitamos cuajar esa luz desde múltiples dimensiones a la vez, dando la información al campo atómico para que este convierta la onda en partícula una y otra vez desde el holograma multidimensional irradiado por nuestros cuerpos de luz y desde nuestra intención creadora.

Véase el modelo dimensional de estructuración de la materia presentado en la lupa de Aintzane del primer triángulo, «Dimensiones».

Helio espiritual

«Mientras eso sucede, ahora se alinea y se despeja todo tu canal central; eres invitada/invitado por los guías solares a entrar en fusión con el campo molecular irradiante de helio del Sol y entras en el templo de la luz cristal de la esencia mágica solar. Allí te sientas en la estrella de Luz Pura, activas de nuevo el vórtice de consciencia en el canal central celular que enrosca la Consciencia del ADN solar, que enrosca la consciencia de la energía solar y lo que implica en tu vida, en tu vitalidad».

El helio espiritual sirve para elevar la vibración de una manera estable. La mayor parte del helio en el Universo se formó unos quince minutos después del Big Bang. Gracias a la fusión de hidrógeno en las estrellas activas, se formó una pequeña cantidad de helio nuevo. Podemos canalizarlo del campo molecular irradiante del Sol y de otras estrellas. Es interesante utilizarlo para la construcción de nuestro cuerpo de luz; aplicar la energía del helio en cualquier campo de pensamiento-sentimiento que queramos aligerar de carga emocional eliminando baja vibración parásita. Cuando terminemos el proceso de ascensión habrá mucha más vibración de helio en nuestro cuerpo de luz.

Ectoplasma y bioplasma

«Eres atraída/atraído hacia una fuente de ectoplasma líquido de Luz Pura Solar, hacia una fuente de bioplasma líquido de Luz Pura Solar que magnetiza y sincroniza todos los elementos de tu ser y te fusionas en esta preciosa fuente y dejas que la fuente irradie desde tu sacro y fluya este bioplasma solar cargado de vida hacia tus venas y arterias hacia tu sistema nervioso, hacia tu sistema linfático».

El ectoplasma solar sirve para renovar información del Sol en el campo celular. Limpia los campos de pensamiento-sentimiento adheridos a los tejidos. Los campos de pensamiento-sentimiento adheridos al cuerpo están grabados en ectoplasma. Posiblemente en un futuro la ciencia entienda que este es el medio de transporte de la información epigenética, y que a través de esta información se activan las famosas enfermedades hereditarias. Irradiar esta energía desde el Sol es muy útil para liberarte de la información de tu constelación familiar. Cuando tienes capacidad de ver el campo energético, este ectoplasma se puede duplicar una y otra vez saltando de un cuerpo a otro como si fuera un virus, contagiando una idea o una emoción a todo un grupo. En general estos campos de información necesitan cuerpos para absorber y alimentarse de energía. Cuando alguien se muere muy medicado o por una catástrofe o accidente repentino es normal que su campo de ectoplasma se pueda percibir; a veces se ve el rostro o incluso el cuerpo completo de la persona que ya ha muerto; por eso se dice que el ectoplasma es la sustancia de los espíritus y fantasmas. En estos casos es conveniente ayudar a que estos cuerpos de ectoplasma con la información y vivencias de la persona suban por el tubo de luz multidimensional y se reintegren a su esencia de luz.

El ectoplasma –conocido también como sustancia X o teleplasma– es una sustancia luminosa; suele ser viscosa, una especie de gel vaporoso que emana de algunos médiums por los oídos, nariz, boca, ojos, etc. cuando están en trance durante las sesiones espiritistas.

Al integrar en nuestro cuerpo biológico el ectoplasma solar limpiamos la memoria de nuestros ancestros y restauramos la luz y el campo de información de nuestro cuerpo de luz que queda limpio y lleno de vitalidad.

El bioplasma es la parte más esencial o vital del protoplasma de la célula; está formado por sustancias biológicas. El bioplasma contiene los elementos vitales de la célula: el núcleo, el centrosoma, los condriosomas (y los plastos en la célula vegetal) y el aparato de Golgi. Reconecta la célula a su origen multidimensional y aporta el campo bioenergético para asimilar la consciencia espiritual del Sol en el campo físico.

Genoma

«Ahora entras en ese vórtice y toda la transparencia de tus células empieza a recordar su capacidad de acceso, activación y su capacidad de escoger la combinación de genomas que le interese para rejuvenecer, para eliminar todos los códigos que no son integrales en ti».

Desde el punto de vista de la ciencia, el genoma puede entenderse como el conjunto de opciones genéticas disponibles en un ser vivo. Para que una célula se especialice en ser célula de la piel o de la sangre, ha pasado de célula madre, con todas las opciones abiertas, a célula especializada cerrando magnéticamente el resto de opciones. La célula mantiene las opciones genéticas cerradas pero disponibles. Con el vórtice de Transparencia aplicado a las células activamos la información energética del entorno accediendo de nuevo a todas sus opciones.

En una época de mi vida me dediqué a la informática y desarrollé un generador de aplicaciones de gestión de empresa. Había una versión de demostración que era gratuita y se entregaba con unas claves de acceso para que solo se pudieran realizar un número de operaciones; a partir de un número de entradas el programa ya no te dejaba realizar ciertas funciones. Cuando el cliente quería adquirir la siguiente versión porque le gustaba su funcionamiento, no se le enviaba un programa nuevo; se le introducían unos códigos de acceso nuevos que desbloqueaban las funciones y lo hacían funcionar con más prestaciones. Después de varios años de haber vendido la empresa de *software*, «casualmente» entré a comprar en una herboristería; al ir a pagar el terminal del punto de venta colapsó. Al ver a la dueña desesperada, pasé al otro lado del mostrador a echarle una mano. Cual no sería mi sorpresa cuando vi que el programa estaba hecho con el generador de aplicaciones que nosotros habíamos fabricado. Probé a entrar con las claves del creador del programa y afortunadamente seguían siendo las mismas. De repente, ante el asombro de la señora, empezaron a aparecer nuevos menús y nuevas opciones, regeneramos los ficheros que estaban colapsados, solucionamos el problema y le enseñé a hacerlo con los nuevos códigos de acceso. La señora me miraba asombrada, como si se le hubiera aparecido un Dios sabelotodo que era capaz de activar posibilidades antes inexistentes. Esto mismo es lo que sucede con nuestro cuerpo cuando instalamos en nuestro ADN los códigos de Luz Pura Solar: accedemos de repente a las opciones que creó nuestro cuerpo en nuestra niñez pero que por múltiples circunstancias dejaron de funcionar. Activar los códigos de Luz Pura Solar te permitirá acceder a las capacidades naturales de regeneración y sanación de un cuerpo físico multidimensional.

Conectoma

«Ahora entras y eres invitada/invitado a entrar en el vórtice de Conexión; todos los ayudantes solares y todos los ángeles y ayudantes de esencia mágica ahora entran con sus prismas a reconectar todo tu campo límbico; empiezan a reconectar tu conectoma para que tu herencia estelar se active conscientemente devolviéndote la luz a todo tu nivel individual biológico y celular».

Es un mapa de las conexiones entre las neuronas del cerebro. Si tuviéramos que hacer una copia de seguridad de sus rutas neuronales realizaríamos una copia de su conectoma.

A través de nuestra experiencia de vida generamos en nuestro cerebro lo que se denomina un «conectoma funcional». Con las inducciones de energía y la práctica diaria para la reconexión de nuestros cuerpos de luz vamos activando de nuevo las regiones de nuestro cerebro que están preparadas para percibir otras realidades dimensionales e interactuar con ellas. Vamos ganando la facultad de ver y sentir la energía, percibir los seres angélicos y otros seres de luz. Algunas de estas realidades se atribuyen a la activación de la glándula pineal. Pero si tu mapa neuronal, tu conectoma no lo admite, será una experiencia inconsciente. En este momento, muchos niños nacen despiertos a esa realidad de manera natural, ven a los seres de luz y a sus guías, lo que la Psicología etiqueta como «amigos invisibles». Muchos niños despiertos espiritualmente tienen activadas las funciones espirituales naturales de su cerebro, pero estas percepciones chocan con la realidad limitada de los adultos dormidos que les rodean y por este motivo son tratados y medicados como enfermos. Es como si tú vieras la realidad en colores en un mundo lleno de ciegos, donde los más avanzados verían solamente en blanco y negro; al describir los colores te dirían que estás chiflado y que no te inventes cosas. Imagínate a un niño despierto; para él es normal percibir las emociones ocultas de sus profesores, tener visiones de vidas pasadas, ver nítidamente los seres desencarnados que acompañan a los vivos o hablar con los ángeles y guías espirituales. Estos niños, al ver que su realidad no es compartida, van desconectando esas áreas de su cerebro para integrarse en la sociedad de los ciegos espirituales.

Un día estaba mi cuñada en su tienda atendiendo a una amiga y a su hija pequeña de cinco o seis años. Al entrar una señora sola, la niña le comentó algo acerca del señor que la acompañaba; la madre y mi cuñada se quedaron sorprendidas. Aunque intuían las cualidades de la niña, se rieron y le dijeron que no se inventara cosas. La clienta –que curiosamente también era vidente– sonrió y les comentó: «no le digáis nada a la pequeña pues lo que está diciendo es verdad; soy viuda y lo que ella ha visto es el cuerpo etérico de mi marido que me acompaña habitualmente». El problema es que la mayoría de los adultos no tienen mapa ni conectoma para interpretar esta otra realidad dimensional.

Al activar el conectoma de tus cuerpos de luz de las estrellas tu sabiduría biológica espiritual se actualiza, quedando disponibles nuevas percepciones de la realidad.

NIVEL 3
DE
LUZ PURA SOLAR

En el tercer nivel de Luz Pura Solar vamos a integrar tres nuevas cualidades de la Luz Pura: Coherencia de Ser, Gozo de Ser e Integración del Ser.

Para que exista la vida, necesitamos la Coherencia del campo multidimensional que generan el Sol y la Tierra. El sincronismo con el sistema solar es necesario para mantener la biología en el espacio físico. Esta coherencia material que describe la física la damos por inalterable, pero cuando nos llenamos de experiencias negativas sin darnos cuenta perdemos presencia espiritual y en consecuencia la Coherencia de Ser. Para vivir en Luz Pura es necesario un campo de coherencia multidimensional en conexión plena con el Sol y con el Cosmos. Esto solo se puede dar en un estado de alta vibración vital. La clave es atreverse a gozar de ser por el simple motivo de estar vivo, de estar espiritualmente presente en un cuerpo físico. Esta vibración de Gozo de Ser es fundamental para la Integración de tu esencia y de tu cuerpo de luz espiritual. El vórtice de Integración te ayuda a integrar tu presencia espiritual en tu biología.

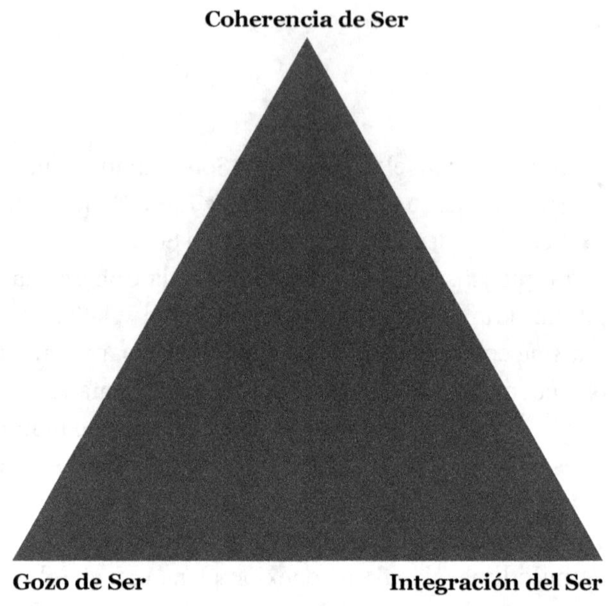

Figura 6. Tercer triángulo de Luz Pura Solar.

TRIÁNGULO
COHERENCIA DE SER-GOZO DE SER-
INTEGRACIÓN DEL SER

En el tercer nivel de Luz Pura Solar vamos a integrar tres nuevas cualidades de la Luz Pura: Coherencia de Ser, Gozo de Ser e Integración del Ser.

Este triángulo te facilitará mantener la presencia consciente en tu cuerpo físico en estado pleno.

Practica con él hasta integrarlo; sus funciones van mucho más allá de las descripciones que podamos hacer. Sé coherente con tu ser, goza sin más motivo que estar presente en el plano físico e integra la sabiduría de tu ser en tu biología que, como ya has comprobado, es mucho más inteligente de lo que piensas.

Coherencia de Ser

La Coherencia de Ser mantiene estable la capacidad de conexión, entendimiento y relación entre cualquiera de las partes de un sistema holográfico haciendo que la energía se retroalimente positivamente o incluso se autoregenere. Esta Coherencia material que describe la física la damos por inalterable, pero cuando llenamos nuestro cuerpo de toxicidad física o emocional la perdemos sin darnos cuenta. También la perdemos cuando generamos un vacío existencial por actuar sin autenticidad o faltos de propósito vital.

La verdadera Coherencia multidimensional del cuerpo físico viene dada por la Integración de tu presencia espiritual y la manifestación armónica de tu propósito vital. Todos los demás aspectos ambientales son también absolutamente necesarios para que se mantenga el cuerpo material, siendo tu espíritu el gran coordinador del sistema. Una distorsión en el campo electromagnético y fotónico generado por el sistema solar haría que desapareciéramos fisiológicamente del mapa, quedando solo nuestro cuerpo espiritual. El Sol mantiene la vida por medio del campo de luz que genera en equilibrio coherente con los planetas, la Tierra y el ser humano.

Esta cualidad de la Luz Pura te ayuda a reconstruir el campo electromagnético y fotónico básico para la estructuración material del cuerpo humano regulando los ritmos y haciendo que la energía se unifique estando disponible en cada una de las partes. Facilita el equilibrio de la respuesta emocional de los tres niveles del cerebro. La coherencia fisiológica es también mantenida por el campo electromagnético generado por el corazón y por todo el sistema cardiovascular. Al practicar la Coherencia cardíaca en nuestras relaciones con el entorno, marcamos un ritmo y una vibración vital de amor incondicional hacia la vida. Cuando conectamos nuestro corazón a la esencia en las estrellas marcamos el ritmo de amor que necesitamos para sentirnos completos e irradiantes. ¿Te imaginas cómo será la vida en el planeta con un campo de luz coherente irradiado por el corazón de 700.000 millones de seres humanos viviendo Luz Pura a la vez? Sin duda con ese campo de amor incondicional ya no existirán la enfermedad, la escasez ni la falta de consciencia. Con tu aportación individual haces que fluya de nuevo la vida humana en el planeta.

La Coherencia de Ser es muy importante: así como el corazón mantiene unido el cuerpo marcando el ritmo a través de sus latidos, el Sol mantiene la vida por medio del campo coherente de energía que genera.

Cuando aplicas el vórtice de Coherencia de Ser, la Coherencia es siempre con respecto a tu propósito divino, a tu intención como ser humano en la Tierra. Esta coherencia devuelve el sentido vital y facilita el flujo de vida en cualquier órgano o parte del cuerpo. También lo puedes aplicar para ser coherente con respecto a un propósito o a un fin.

Imaginemos una subidentidad como deportista. Al aplicar el cristal de Coherencia empezarán a reconectarse y mostrarse coherentes todas las acciones o motivaciones referentes a esa subidentidad. Se priorizarán las acciones para hacer deporte, al darle coherencia a esa idea de que atraigo las posibilidades y los sincronismos que lo facilitan. La Coherencia fija, adhiere, magnetiza. A la vez rechaza lo distorsionado o lo neutraliza aplicando nuevos ritmos. Por ejemplo, en una vuelta ciclista un equipo es coherente con respecto a su líder. Los ritmos del equipo se acompasan aportando fuerza de grupo. Una colmena de abejas es coherente con respecto a la abeja reina. Una molécula de agua toma forma coherente cuando se junta en un río o en el mar. Esta Coherencia molecular la aprovechó el imperio romano para elevar el agua a través de los sifones de sus acueductos conforme al principio de Arquímedes, abasteciendo del agua necesaria para la vida de sus ciudadanos. Ahora nosotros aprovecharemos esta cualidad para conexionar nuestro cuerpo físico en integración coherente con nuestra esencia, con las estrellas, manifestando nuestra sabiduría espiritual aquí en la Tierra.

Gozo de Ser

El Gozo de Ser es el estado referente de salud por excelencia, el fundamento de la vida. Todo vibra en un nivel armónico cuando uno goza, cuando uno ama, cuando logra estar motivado positivamente para estar en plenitud existencial. Te estamos pidiendo el compromiso de soltar todos los sistemas de pensamiento-sentimiento que has admitido como normales pero que sin darte cuenta te están matando. Todas las actitudes, pensamientos y obligaciones que te llevan a vivir la vida como un sufrimiento, cuestiónalas de nuevo y suelta sus sistemas de creencias. Suelta toda obligación traumática de cómo has de ser o qué has de hacer. Todas las cosas que están generando enfermedad en tu vida transfórmalas. Sí, te estamos diciendo que no ser feliz es ya un estado enfermizo. Tus células desean ser felices para crear un cuerpo feliz, sano y autoconsciente. Tus células escuchan todo lo que piensas, todo lo que sientes y creen que esa es la realidad.

La energía generada por el cristal de Gozo de Ser emite la luz para que goces del placer de estar vivo, te incita a que sueltes las excusas, los «pero» y los «por qués» que te hacen sufrir o simplemente no ser tú. Dar tantas vueltas al mismo circuito emocional raya tus rutas neuronales negativas haciéndolas cada vez más profundas, y además te aburre. A estas alturas ya te has dado cuenta de que quien genera las hormonas eres tú y que lo haces en función de los programas emocionales autoaprendidos en el pasado. Muchas veces estos programas son copiados de tus antecesores o de las personas con las que te criaste o has convivido. Estos programas de pensamiento-sentimiento se ejecutan en el nivel de carácter y la mayoría de las veces son automáticos e inconscientes.

La energía emitida por este cristal te ayudará a manifestar tu intención de ser feliz y a recobrar las capacidades para fabricar felicidad, actualizando tus rutas neuronales positivas, soltando el intelecto y dejándote a tu ser. Aprenderás a gozar desde dentro, desde tu ser solar irradiando felicidad y vida a todo lo que te rodea.

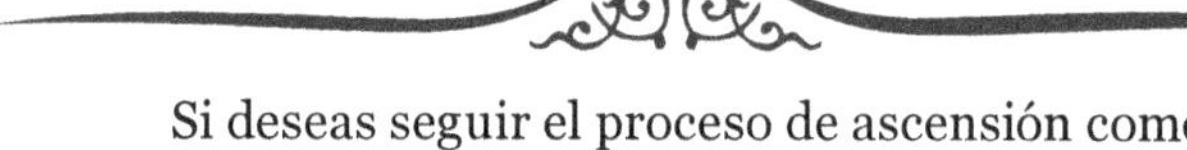

Si deseas seguir el proceso de ascensión como ser humano has de aprender a gozar y comprometerte con disfrutar de estar vivo, pase lo que pase.

Esta decisión es un paso muy importante, el compromiso de mantener alegre tu biología, sea como sea, caiga quien caiga; no hay excusa para generar el ecosistema emocional que facilita la enfermedad. De momento puedes celebrar que estás conectando de nuevo con tu esencia. Celébralo, has invertido muchas encarnaciones para intentar estar espiritualmente despierto en cuerpo físico, algo muy complejo de lograr y ya está aquí. Pero la verdadera razón para gozar no es esa, es que tu esencia está llena de gozo, de éxtasis existencial y quiere expresarse a través de su forma biológica. Al instalarte espiritualmente en el cuerpo tendrás que admitir esta alta vibración y sostenerla también coherentemente a través de tus pensamientos, carácter y personalidad. Así que este cristal te aporta la estructuración de la energía que te ayuda a aprender a gozar sin más motivo que el hecho de ser. Gozar no es un objetivo, es un tono básico de tu esencia espiritual.

Integración del Ser

La Luz Pura de Integración del Ser es fundamental para eliminar el síndrome de separación, de no pertenencia a este planeta, a la familia, a la sociedad. Al integrar tu ser y admitir tu propósito vital se elimina el vacío existencial; la extrema individualidad es comprendida y admitida, tu biología entra en sincronismo con el Universo manifestando de nuevo la esencia pura de ser humano en todas tus acciones.

La presencia plena en el cuerpo requiere sin duda todas las cualidades de la Luz Pura. La Integración del Ser de la esencia de Luz Pura Solar te abre a un sinfín de nuevas posibilidades de alquimia multidimensional. Esta integración te permite activar el ADN solar para abrir nuevas opciones como la regeneración del cuerpo físico. La Integración plena de tu cuerpo de Luz Solar te facilita una gran coordinación y mejora en todos tus actos. Al fin y al cabo, toda tu energía vital en algún momento ha salido del Sol.

Con este cristal integras tu esencia en tu cuerpo, activas su inteligencia multidimensional y tu biología se vuelve a coordinar desde su campo holográfico irradiando su luz alrededor de ti, culminando el proceso de integración de tu identidad espiritual consciente a nivel celular.

También te permite aplicar la luz de Integración del Ser para pulir las diferencias que se producen en tu campo bioenergético facilitando la integridad en las acciones y en la manifestación de tus valores. Es muy útil para la integración familiar, la integración de los miembros de un equipo, etc. También mantiene la Integridad de tu cuerpo emocional en situaciones extremas y, por supuesto, de tu cuerpo físico.

La Integración de tu ser en cada una de las partes de tu sistema biológico facilita el estado de unidad, el desarrollo de la intuición y una salud plena.

INICIACIÓN AL TERCER TRIÁNGULO DE LUZ PURA SOLAR

Esta iniciación está diseñada para enseñar un protocolo activador de la Luz Pura Solar. Ante cualquier duda sobre si la estás realizando bien, puedes recurrir a la iniciación original canalizada y grabada que podrás descargar gratuitamente a continuación de este texto o asistir a un entrenamiento presencial o a una sesión a distancia.

- Iniciamos la conexión al Sol respirando abdominalmente, mínimo cuatro tiempos en inspiración y ocho tiempos en espiración

- Vamos activando la presencia con cada respiración repitiendo la metodología indicada en la introducción para la práctica de la presencia del YO SOY

- Repetimos de una manera centrada y pausada la práctica del YO SOY LUZ PURA SOLAR

- Vas sintiendo, escuchando y visualizando en cada uno de los *chacras*: YO SOY ESENCIA MÁGICA DE LUZ PURA SOLAR

- Das permiso para que los ayudantes de la esencia mágica y de la Luz Pura Solar te acompañen. También puedes dar permiso a otros ayudantes de Luz Solar de alta vibración como maestros y maestras solares, Hermandad Blanca, ángeles, arcángeles, etc.

- Das permiso para que se repitan automáticamente las iniciaciones y prácticas para la integración de la Luz Pura Solar del primer triángulo sagrado y te sincronizas con sus cualidades. Das permiso para que se repitan automáticamente las prácticas para la integración de la Luz

Pura Solar del segundo triángulo sagrado y te sincronizas con sus cualidades. Con estos pasos activas de nuevo en tu cuerpo bioenergético la Luz Pura Solar

- Mientras vas imprimiendo este mandato en todos tus *chacras*, te vas imaginando como el Sol viene hacia ti y se fusiona con tu campo bioenergético. Durante la fusión se van sincronizando tus ondas cerebrales y todos los ritmos de tu cuerpo con los ritmos del Sol

- Durante esta fusión con el campo espiritual del Sol das permiso para un aprendizaje existencial; de nuevo empieza el sincronismo con el Sol, todo tu ser de luz se sincroniza con tu esencia mágica solar. Se sincronizan tus capas del aura, tus *chacras*, tus meridianos, se sincronizan tus músculos, tendones, ligamentos, huesos, se sincronizan tus órganos, vísceras, glándulas, se sincronizan tus tejidos, tus células, tus átomos. Todo tu cuerpo asimila consciente o inconscientemente la información de la esencia mágica solar

- A continuación te imaginas ascendiendo por una preciosa espiral cristalina llegando al templo de la Luz Pura de esencia mágica en el Sol; allí te esperan los guías y ángeles de la Luz Pura Solar que te acogen amorosamente integrándote en su halo de luz

- En este templo hay un campo irradiante de Luz Pura Solar. Te acercas atraído al cristal de Luz Pura Solar y te fusionas en él integrando su Luz Pura en tu médula y extendiéndolo por todo el sistema nervioso. El simpático y parasimpático al sincronizarse de nuevo con el Sol equilibran sus ritmos

- Dentro del templo de la Luz Pura de esencia mágica en el Sol, das permiso para que los guías de la Luz Pura Solar generen una crisálida de Luz Pura Solar alrededor de ti, que te acoge amorosamente y va regenerando todo tu campo bioenergético

- Ahora empiezan a irradiarse hacia tus capas del aura tus hexágonos de Luz Pura con vórtices de Consciencia, Amor, Entendimiento, Transparencia, Conexión y Paz. Se alinean y equilibran tus *chacras* dorsales con esta geometría de Luz Pura hexagonal, integrando la información de la Luz Pura Solar en su novena frecuencia

- Te quedas en un estado contemplativo de asimilación de la esencia mágica solar que se irradia hacia ti regenerando todas tus capas del aura, sincronizando tus *chacras*, con geometría sagrada de Luz Pura Solar

- Esto te permite integrar la Consciencia de Luz Pura Solar y abrirte a nuevas posibilidades de ser y estar en la Tierra como ser biológico de luz

- Una vez que te estabilizas en esta frecuencia vibratoria de Luz Pura Solar vas a dar el paso para integrar las cualidades del tercer triángulo sagrado

- Dentro de la crisálida de Luz Pura que te rodea aparece llamativo el vórtice de luz de Coherencia de Ser. Lo pulsas mentalmente dando permiso para integrar las ondas de luz irradiantes de Coherencia solar que empieza a emitir la crisálida. Permites recuperar en tu cuerpo el campo electromagnético y fotónico, sincronizándolo y nutriéndolo con la energía Solar. Al entrar en Coherencia solar vas a deshacer los campos de pensamiento-sentimiento que están reteniendo el flujo natural de la vida. Paulatinamente vas recobrando la capacidad de regenerar tu campo bioenergético. Tu armonía aumenta y fluye el sincronismo vital

- Aumentas la coherencia vibratoria en tus átomos, integrándola en tus células, en tus tejidos, en tus órganos, vísceras, glándulas, en tus huesos, ligamentos, tendones, músculos, integrándola en tus capas del aura, en tus *chacras*, en tus meridianos hasta lograr que todo tu ser de luz se sincronice coherente con el campo espiritual del Sol

- En este estado de Coherencia de Ser y alta vibración los guías de la Luz Pura Solar aprovechan con sus manos etéricas para restablecer el equilibrio en cuerpo biológico, emocional, mental, bioenergético, espiritual
- Una vez armonizado pasas a integrar la siguiente cualidad de la Luz Pura Solar. Ahora das permiso para activar el vórtice de Gozo de Ser
- Dentro de la crisálida de Luz Pura que te rodea aparece llamativo el vórtice de Luz Pura de Gozo de Ser; lo activas mentalmente dando permiso para integrar la vibración para el gozo existencial, simplemente por ser. El campo coherente de Gozo de Ser que empieza a emitir la crisálida va directamente a los puntos de más baja vibración de tu cuerpo. Permites soltar de tu cuerpo todas las experiencias limitantes, todos los campos de pensamiento-sentimiento que te están impidiendo que tu cuerpo físico goce. Integras los ritmos solares, las frecuencias de Luz Solar necesarias para la experiencia de éxtasis físico
- Vas integrando el ritmo del Gozo de Ser en tu cuerpo de Luz Solar, en tus moléculas, en tus células, en tus tejidos, en tus órganos, vísceras, glándulas, en tus huesos, ligamentos, tendones, músculos, integrándolo en tus capas del aura, en tus *chacras*, en tus meridianos hasta que logras que todo tu ser de luz se integre en experiencia de Gozo existencial restableciendo el ritmo espiritual de la vida en sintonía con la esencia mágica solar
- En este estado de Gozo de Ser y alta vibración sostenida, los guías y ángeles de la Luz Pura Solar aprovechan con cristales de acupuntura estelar solar para activar tu sistema endocrino segregando hormonas que faciliten tu proceso evolutivo

- Ahora das permiso para activar el vórtice de Integración del ser
- Dentro de la crisálida de Luz Pura que te rodea aparece llamativo el vórtice de Luz Pura para la Integración de tu esencia mágica solar. Lo pulsas mentalmente dando permiso para integrar las ondas multifrecuencia de Luz Solar para la Integración del Ser, cualidad que empieza a emitir la crisálida. Permites integrar tu cuerpo de Luz Solar. Das permiso para restablecer la presencia de cada una de las partes del sistema solar en tu cuerpo. Te permites ser uno con el Sol y los planetas
- Recuperas de nuevo tu esencia solar en tus tejidos; los sincronizas en conexión con el Cosmos a través del Sol integrando de nuevo tu ser con presencia plena. Integrando la energía de tu ser en tus moléculas, en tus células, en tus tejidos, en tus órganos, vísceras, glándulas, en tus huesos, ligamentos, tendones, músculos, integrándolo en tus capas del aura, en tus *chacras*, en tus meridianos hasta que logras que todo tu ser de luz se sincronice con el entendimiento espiritual del Sol de donde emana la vida
- En este estado de sincronismo y alta vibración los guías y ángeles de la Luz Pura Solar aprovechan con cristales de acupuntura estelar solar para restablecer la Coherencia de Ser, el Gozo de Ser y la Integración del Ser en tu cuerpo biológico, emocional, mental, bioenergético, espiritual
- Ahora abres tu corazón y das permiso para bajar geometría sagrada de Luz Pura desde la sexta dimensión del Sol. Tus capas del aura se van nutriendo con millones de formas geométricas de Luz Pura Solar. Estas formas de luz van restaurando tu campo áurico, restableciendo la luminosidad en tu piel, en la primera capa, en la segunda

capa, en la tercera, en la cuarta, en la quinta y así hasta doce

- En este alto nivel vibratorio puedes realizar un trabajo de sanación evolutivo para ti
- Piensa en una situación del pasado que quieras actualizar emocionalmente. Manteniendo la situación en tu mente, das permiso para que los guías de la Luz Pura Solar y los ángeles solares rodeen la situación con crisálidas de la Luz Pura Solar. Das permiso para que la crisálida emita hacia dentro geometría sagrada y rayos de Luz Solar que vayan disolviendo los campos de pensamiento-sentimiento de baja vibración guardados por tu experiencia. Una vez que la situación emocional se disuelva puedes pasar de nuevo a alinear tu canal central y restablecer la Luz Pura Solar en todo tu campo áurico
- Cuando terminas de irradiar Luz Pura Solar en tu cuerpo, das permiso para despejar tu canal central y te imaginas entrando en el cristal de unicidad del núcleo terrestre y te fusionas en él dando permiso para ser canal de conexión con el Sol para lo que la Tierra necesite. Ahora subes a tu cuerpo actual en la corteza terrestre recobrando los ritmos electromagnéticos con la Tierra en conexión plena con el Sol
- Ahora das permiso para volver al estado de vigilia con más consciencia y equilibrio en tu cuerpo físico

Este es un protocolo simple para automatizar la integración del tercer triángulo sagrado de las cualidades de la Luz Pura Solar. También puedes utilizar este protocolo para conectarte con el resto de los vórtices de la Luz Pura Solar por separado, por triángulos o en su conjunto.

Para avanzar más fácilmente en tu evolución, incluimos en este libro las inducciones originales canalizadas por el autor y su transcripción escrita. Cuantas más veces pongas el audio y leas el texto, más avanzarás en tu conexión con el Sol.

Puedes descargarte el audio original para la iniciación al tercer triángulo de Luz Pura Solar con la ayuda de este bidi:

Esta inducción está realizada en un alto nivel de conexión con el Sol. Al haber sido grabada multidimensionalmente, la energía se manifiesta en el espacio donde estás con solo ponerla, no hace falta que entiendas lo que estás haciendo. Esto te garantiza tener una iniciación al Sol guiada. En realidad tengo que decir que la inducción se puede realizar también en silencio, sin lenguaje, pues la energía es irradiada desde mi Yo Superior en fusión con el Sol.

Al escuchar el audio o leer la inducción transcrita estás activando las rutas neuronales de conexión al Sol; puedes hacerlo en lectura rápida o con precisión, cualquiera de las dos maneras va a permitirte integrar mejor los códigos sagrados del Sol en cada lectura. Además puedes aprender detalles útiles para tu evolución personal.

Puedes descargarte la transcripción de esta inducción con ayuda de este bidi:

LA LUPA DE AINTZANE

Semilla estelar solar

«Se activa todo el proceso de iniciación realizada en la primera inducción y ahora triángulos de Consciencia, Amor, Entendimiento se expanden desde dentro de tu corazón físico en todas las células de la sangre y también las semillas estelares solares desde los ganglios linfáticos irradian a toda tu linfa, devolviendo la vitalidad y consciencia de amor pleno a tu cuerpo físico».

Una semilla estelar solar contiene todos los códigos de luz necesarios para activar la consciencia multidimensional en el planeta. Estas semillas irradian ondas cristalinas de Luz Pura, en este caso solar. Contienen los doce códigos lumínicos para tu ADN multidimensional solar. Solo tienes que instalarlas hasta que enraícen y germinen. Entendemos que han germinado cuando se mantienen holográficamente solas, sin tu pensamiento. Es normal que al bajarlas a un lugar de baja vibración se esfumen, como evaporándose. Cuando a base de bajarlas hayan logrado transmitir alta vibración al ambiente, se mantendrán solas.

Las activarás con las iniciaciones y, una vez que cojas soltura, simplemente con tu atención e intención. Puedes activarlas en tus cuerpos de luz para actualizar tu biología. Puedes instalarlas en la Tierra para limpiar el planeta de memorias holográficas de guerras, violaciones, matanzas, epidemias, campos de enfermedad y toxicidad y miserias humanas en general. En este ejemplo las instalamos en nuestros ganglios linfáticos que son el sistema que gestiona en última instancia la baja vibración corporal. Conectar el sistema linfático a las estrellas es fundamental para obtener una fuente de Luz Pura para el cuerpo, eliminado los desechos de baja vibración.

Resumen de los cinco mandatos canalizados

Resumen de los cinco mandatos canalizados en la inducción como propósitos para la integración de la Luz Pura Solar:

I.   *Vivir en integración plena con el Universo*
Acción: Conectarse al Sol.

Vivir en sincronismo con todas las energías estelares de alta vibración que te rodean integrando los códigos solares de ascensión permitirá a nuestro cuerpo regenerarse e integrar el nuevo ADN para ir adaptándose a los cambios que conlleva la evolución personal y planetaria.

Este sincronismo es fundamental para facilitar el flujo natural de la vida e imprescindible para la creación consciente.

II.   *Consciencia de vida biológica atemporal*
Acción: Integrar las hebras de ADN solar.

Integrar la creencia de que tu cuerpo está diseñado para adaptarse a las nuevas energías de la Tierra, regenerándose y rejuveneciendo.

La activación del ADN solar es necesaria para el dominio de la creación consciente de tu cuerpo biológico.

III. *Cuerpo de luz irradiante*
Acción: Irradiar luz.
Una vez activado el código espiritual del Sol en el nivel celular, tu cuerpo logra elevar su vibración para mantenerse en una constante irradiación de luz para ti y para tu entorno. De esta manera eliminas las interferencias del campo de pensamiento-sentimiento del entorno logrando mucha más precisión en tu proceso de creación consciente.

IV. *Activar la creatividad*
Acción: Vivir en la unidad integrando el ser.
Activar la Luz Pura Solar a nivel genital para entrar en un proceso de integración de lo femenino y lo masculino. Activar tu androginia y una polaridad sexual equilibrada. Para tu equilibrio individual es interesante poder escoger la manifestación del pensamiento-acción femenino o masculino independientemente de tu polaridad natural biológica aprovechando todas las cualidades humanas para la creación consciente.

V. *Integración de tu alma solar*
Acción: Manifestar la inteligencia espiritual del Sol desde tu corazón.
Integrar en tu cuerpo físico tu cuerpo espiritual de Luz Solar, abriéndote a nuevas cualidades creadoras como ser humano multidimensional. La mayoría de los seres de luz despiertos tenemos un sueño: bajar el cielo a la Tierra; al integrar la sabiduría de la Luz Pura estelar encontrarás los caminos para empezar a manifestar el cielo en la Tierra. Al integrar tu esencia solar en tu co-

razón se vuelve transparente para ti la consciencia de la alquimia multidimensional. La soltura en el manejo de la consciencia de alquimia multidimensional es la competencia básica para la creación consciente del cielo en la Tierra.

Alma solar

«Ahora das el siguiente paso y entras en la integración de tu alma solar preparándote para los nuevos acontecimientos de la Tierra, preparándote para vivir en las nubes, para vivir reprogramando toda la climatología, preparándote para vivir y activando y conectando con tu ser estelar acceder a los códigos sagrados de las estrellas».

Se denomina alma solar a la esencia mágica del Sol manifestada en el corazón y tejido cardiovascular que está compuesto al menos por un 60% de tejido neuronal. Esta esencia del espíritu solar, a nivel individual se imprime en las neuronas del tejido cardiovascular sincronizando nuestros ritmos y nuestro campo electromagnético con el Sol, la Tierra y los planetas. A nivel global, su intención positiva, su propósito, es mantener la vida en el planeta uniendo los corazones para vivir nuestra experiencia individual como células del cuerpo de la Humanidad que forman parte de una sola esencia. Al admitir tu identidad solar y asimilar su ADN integrarás el conocimiento de lo que llamamos «alma solar», comenzarás a poder interactuar de manera natural con la Tierra y su climatología. Al fin y al cabo tú y la Tierra formáis parte de la misma esencia: sois hijos del Sol y de las estrellas. Para lograr vivir en Luz Pura en el planeta es necesario recuperar nuestra alma solar de manera individual, para generar un armónico electromagnético y de luz con el resto de los corazones conectados al unísono al Sol.

Luz pentagonal

Son pentágonos de Luz Pura que irradian su energía de geometría sagrada y ayudan a reconstruir nuestro campo bioenergético. Esta estructuración geométrica es necesaria para que se manifieste la bioenergética de tu cuerpo de luz pentadimensional. Tu cuerpo de luz pentadimensional es necesario para adaptarte a la nueva realidad de la Tierra y para vivir en consciencia plena de cinco dimensiones a la vez. La Luz Pura se manifiesta en diversas formas de geometría sagrada ayudando a crear tu cuerpo de luz. Tú también puedes escoger a través de la visualización cómo manifestarla; en cuanto actives la intuición te vendrá cómo hacerlo. De momento, si todavía no ves la energía deja que tus guías de la Luz Pura lo hagan por ti. ¿Cómo? Simplemente en un estado de conexión da permiso con tu palabra para que los guías de la Luz Pura restauren tu campo bioenergético con Luz Pura estelar.

Ejemplo: Alineo mi canal central y todos mis *chacras* con el vórtice de conexión y doy permiso para ser guiado, ayudado por la Hermandad Blanca y los seres de luz portadores de la Luz Pura para que restauren mi campo áurico etc. En ese etcétera está incluido todo lo que desees.

El primer mandato de la Luz Pura es que vivas en integración plena con el Universo y los códigos solares de ascensión que te van a permitir revivificar tu cuerpo y abrir otras opciones. Das el paso y dejas que una ducha de luz pentagonal irradie todas las cualidades que tú necesitas ahora para volver a crear este nivel de ascensión.

Láminas doradas sagradas

«Ahora dejas que los ayudantes de Luz Pura Solar te ayuden a desbloquear tu corazón físico y a devolver las láminas doradas sagradas de la fuerza vital y el amor incondicional pleno de la autoestima para evolucionar y ser un ser de luz incandescente solar irradiante de Luz Pura desde todo tu nivel celular».

Las láminas doradas sagradas bajan directamente desde la octava dimensión solar. Son incandescentes y restauran la naturaleza sagrada de la vida allá donde aparecen. Limpian la información antigua que te está distorsionando y restauran la geometría sagrada multidimensional. Sellan fisuras, limpian y actualizan el campo áurico. Restauran la estructura multidimensional de los tejidos. En su estructura interna pueden parecerse a copos de nieve de 256 a 256.000 puntas irradiantes de Luz Pura Solar. Las puedes utilizar para disolver atascos en tu cuerpo físico restaurando la fluidez vital. Funcionan muy bien para eliminar el exceso de toxicidad y devolver la identidad y la funcionalidad a las mucosas. También son excelentes para disolver energéticamente la vibración de los residuos tóxicos acumulados en la Tierra y para restaurar la alta vibración en el planeta.

Mientras esta iniciación empieza a realizarse, todo el nivel de esta luz preciosa dorada comenzará a fusionarse con tu cuerpo. Das permiso para que estas láminas incandescentes doradas de Luz Solar empiecen a integrarse con las nueve cualidades de la Luz Pura y empiecen a fusionarse con tu cuerpo físico actual.

Das permiso para que estos ángeles solares, ayudantes de esencia mágica estelar, vayan poniendo estos tejidos de Luz Pura, estas láminas doradas que se van fusionando, ya no solo con tu campo áurico sino también directamente con tus membranas internas, con tus fascias, y se fusionen con tus tejidos actuales devolviéndoles la capacidad vivencial de la integración de la Luz Pura Solar; esto sucede ahora en tu piel, en tu epidermis, en todas las fascias que rodean los huesos, en tu médula, en la médula de cada uno de tus huesos y esto sucede ahora también irradiando en las paredes de tu corazón y en las paredes de tus venas y arterias.

NIVEL 4
DE
LUZ PURA SOLAR

En este cuarto triángulo vamos a integrar el Propósito, la Identidad y el Liderazgo. Sincronizarte con el Propósito del Sol es sincronizarte con la vida. Aceptar tu Identidad solar implica expresar el Propósito del Sol, identificarte a crear y manifestar la vida. Organizar tu sistema de creencias para que fluya la vida en ti y facilitar la vida en los demás. Ejercer tu Liderazgo consciente, desde este Propósito, implica soltar todas aquellas identidades y sistemas de creencias adheridos a tu campo de pensamiento-sentimiento que estén impidiendo el flujo natural de la vida.

Este triángulo te será útil para acompasarte con el Propósito del Sol y recuperar tu fluidez vital.

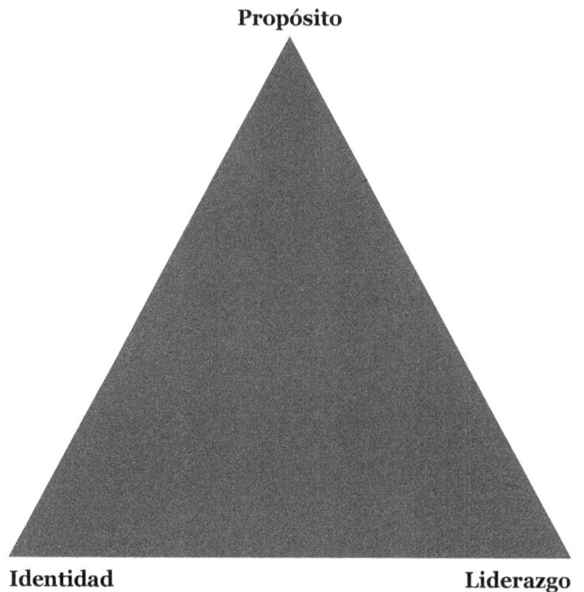

Figura 7. Cuarto triángulo de Luz Pura Solar.

TRIÁNGULO PROPÓSITO-IDENTIDAD-LIDERAZGO

Propósito

El Propósito es la intención firme de realizar algo, el sentido de ser de una acción, el sentido de ser de una parte de un conjunto.

Cuando aplicamos el vórtice de Luz Pura de Propósito contestamos preguntas como: ¿Cuál es su funcionalidad? ¿Para qué existen las cosas? ¿Cuál es su intención positiva? ¿Cuál es su utilidad? El Sol irradia constantemente su propósito, que sin duda es generar vida.

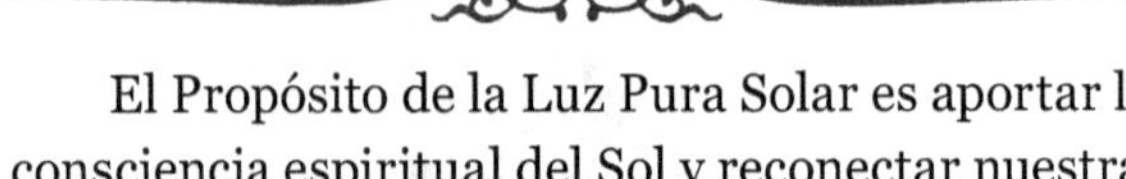

El Propósito de la Luz Pura Solar es aportar la consciencia espiritual del Sol y reconectar nuestra biología a la consciencia multidimensional.

Para la biología un rayo de Sol es el combustible necesario para activar y alimentar la vida. El vórtice de Propósito restaura los parámetros del sistema biológico y lo nutre llenándolo de vida.

Cuando irradias la luz de Propósito en una parte del cuerpo, esta automáticamente disipa la distorsión recuperando su sentido de ser.

Al iluminar tu campo áurico o tus *chacras* con este vórtice, todo lo que no sirve para facilitar la vida desaparece y se transmuta. La luz elimina la opacidad, despeja la niebla y restaura la conexión con el ser. Al reconectarte con la esencia solar, dejas fluir la vida y empiezas a instalar en este caso tu cuerpo de Luz Solar.

La aplicación de este vórtice te permite eliminar la energía de pensamiento-sentimiento que genera enfermedad y activar la fluidez vital de nuevo.

Si la intención de la biología es generar la vida, el vórtice de Propósito te ayuda a discernir qué parte de tu cuerpo está realmente en su identidad biológica. Con su ayuda también podrás soltar, quemar y eliminar el campo energético malsano que está impidiendo la vida en todo su esplendor.

Puedes aplicarlo al entrecejo y preguntarte a la vez: ¿Cuál es el Propósito de mi vida? También lo puedes utilizar para temas existenciales, si deseas centrar tu Propósito en esta vida y darle un significado transcendente.

Este cristal te facilitará descubrir tu Propósito vital desde el punto de vista de la expresión de tu ser. Luego una de las maneras de utilizar este rayo de la Luz Pura Solar es tomar consciencia de cuál es tu función individual para facilitar la vida humana en el planeta.

Puedes aplicarlo de muchas maneras más. Juega, practica, aprende y evoluciona con este vórtice.

Identidad

La identidad son las características propias, los rasgos que definen a una persona o a una cultura, el hecho de identificarse con algo, el hecho de ver cualidades similares a las que nosotros tenemos en potencia, algunas manifestadas y otras no.

La mayoría de nosotros nos identificamos con el lugar donde nacemos, la familia de pertenencia, los estudios o profesiones etc. Hay cosas con las que nos identificamos inconscientemente, sin darnos cuenta, como la capacidad natural de mantener la salud. Al integrar los campos de pensamiento-sentimiento de nuestra familia también integramos la identidad genética que nos predispone a tener las mismas enfermedades que nuestros ancestros o a estar sanos y vitales. Como ya ha demostrado la ciencia a través de los estudios de epigenética, esta identidad biológica es influenciable por el campo de información del entorno.

Si desde pequeño te han educado con creencias como, «la salud es cosa de suerte» o «cuando te toca una enfermedad solo te puede ayudar la medicina», si enfermas no harás nada consciente por recuperarte. En cambio, si te han educado en que gestionar tu salud positivamente es cosa tuya, sabrás qué hacer para que el cuerpo recupere su capacidad natural de sanarse y tendrás más facilidad que otros para recuperar tu salud.

Si has nacido en una cultura en donde se reconoce tu capacidad natural para mantener tu salud, posiblemente te habrán enseñado a alimentarte correctamente, a descansar en entornos de naturaleza, a pensar positivamente y a canalizar energía de las estrellas con imposición de manos tipo Reiki; en resumen, a identificarte con que tu vitalidad depende de lo que tú hagas y pienses. En este caso sin duda recuperarás más rápido tu salud.

Cuando activamos esta cualidad de la Luz Pura Solar en el Propósito de salud, nuestro cuerpo se recarga de vitalidad y restablece sus ritmos con el Cosmos, en este caso con el Sol. Nos ayuda a identificarnos y a activar epigenéticamente nuestra capacidad natural de sanación.

Todo tu cuerpo está inmerso en un campo energético de pensamiento-sentimiento, con información de tus experiencias vitales, con la información visceral programada por el entorno (al cual te has identificado hasta ahora o bien lo estás en este momento). Con la Luz Pura te puedes identificar de nuevo, mantener tu campo energético libre de interferencias densas de forma que haga aflorar la mejor versión de tu biología.

Cada parte cumple su función dentro del cuerpo. La Luz Pura Solar lo armoniza, lo renueva y lo coordina.

Al identificarte con la luz de la vida solar tu cuerpo se llena de nuevo de vida.

El cristal de Identidad sirve, a cualquier nivel, para resaltar la verdadera identidad de tu cuerpo desde tu esencia en las estrellas. Al irradiar su luz a la membrana celular, esta información de vida accede al núcleo de la célula, reconectando el ectoplasma y el ADN solar, restableciendo los patrones, realimentando la vida microcósmica solar de la célula.

Esta es una de las múltiples aplicaciones de este vórtice de la Luz Pura Solar.

Liderazgo

P ara darle vida a nuestro cuerpo hemos de darle luz; esto implica integrar la consciencia espiritual de nuestra biología.

Para comenzar nuestro Liderazgo consciente generaremos una visión, es decir, un cómo, un hacia dónde, qué metas vamos a marcarnos, qué valores y creencias de actuación vamos a utilizar.

Una visión completa con sensaciones, imágenes, sonidos, todo ello coordinado por la Luz Pura Solar que nos ayudará a integrar esta parte de nuestro ser.

Una vez pensado el cómo, aplicaremos nuestra nueva versión de identidad actualizada con las cualidades solares. Esta nueva versión tiene como función principal integrar el Propósito biológico y el Propósito existencial en la acción de estar vivo. En las inducciones ha quedado detallado cómo hacerlo: utilizar este vórtice para dinamizar la acción evolutiva en algún área de nuestra vida o de nuestro cuerpo, donde deseemos, para enfocar cambios positivos, en este caso el Liderazgo de la vida en el cuerpo.

INICIACIÓN AL CUARTO TRIÁNGULO DE LUZ PURA SOLAR

Esta iniciación está diseñada para enseñar un protocolo activador de la Luz Pura Solar. Ante cualquier duda sobre si la estás realizando bien, puedes recurrir a la iniciación original canalizada y grabada que podrás descargar gratuitamente a continuación de este texto o asistir a un entrenamiento presencial o a una sesión a distancia.

- Iniciamos la conexión al Sol respirando abdominalmente, mínimo cuatro tiempos en inspiración y ocho tiempos en espiración

- Vamos activando la presencia con cada respiración repitiendo la metodología indicada en la introducción para la práctica de la presencia del YO SOY

- Repetimos de una manera centrada y pausada la práctica del YO SOY LUZ PURA SOLAR

- Vas sintiendo, escuchando y visualizando en cada uno de los *chacras*: «YO SOY ESENCIA MÁGICA DE LUZ PURA SOLAR»

- Das permiso para que los ayudantes de la esencia mágica y de la Luz Pura Solar te acompañen. También puedes dar permiso a otros ayudantes de Luz Solar de alta vibración como maestros y maestras solares, Hermandad Blanca, ángeles, arcángeles, etc.

- Das permiso para que se repitan automáticamente las iniciaciones y prácticas para la integración de la Luz Pura Solar del primer triángulo sagrado y te sincronizas con sus cualidades. Das permiso para que se repitan automáticamente las prácticas para la integración de la Luz

Pura Solar del segundo y tercer triángulo sagrado y te sincronizas con sus cualidades. Con estos pasos activas de nuevo en tu cuerpo bioenergético la Luz Pura Solar

- Mientras vas imprimiendo este mandato en todos tus *chacras*, te vas imaginando como el Sol viene hacia ti y se fusiona con tu campo bioenergético. Durante la fusión se van sincronizando tus ondas cerebrales y todos los ritmos de tu cuerpo con los ritmos del Sol

- Durante esta fusión con el campo espiritual del Sol das permiso para un aprendizaje existencial; de nuevo empieza el sincronismo con el Sol, todo tu ser de luz se sincroniza con tu esencia mágica solar. Se sincronizan tus capas del aura, tus *chacras*, tus meridianos, se sincronizan tus músculos, tendones, ligamentos, huesos, se sincronizan tus órganos, vísceras, glándulas, se sincronizan tus tejidos, tus células, tus átomos. Todo tu cuerpo asimila consciente o inconscientemente la información de la esencia mágica solar

- A continuación te imaginas ascendiendo por una preciosa espiral cristalina llegando al templo de la Luz Pura de esencia mágica en el Sol; allí te esperan los guías y ángeles de la Luz Pura Solar que te acogen amorosamente integrándote en su halo de luz

- En este templo, hay un campo irradiante de Luz Pura Solar. Te acercas atraído al cristal de Luz Pura Solar y te fusionas en él integrando su Luz Pura en tu médula y extendiéndolo por todo el sistema nervioso. El simpático y parasimpático al sincronizarse de nuevo con el Sol equilibran sus ritmos

- Dentro del templo de la Luz Pura de esencia mágica en el Sol, das permiso para que los guías de la Luz Pura generen una crisálida de Luz Pura Solar alrededor de ti, que te acoge amorosamente y va regenerando todo tu campo bioenergético

- Ahora empiezan a rehacerse tus capas del aura con formas de geometría sagrada de Luz Pura, irradiando energía de Consciencia, Amor, Entendimiento, Transparencia, Conexión, Paz, Coherencia de Ser, Gozo de Ser e Integración del Ser. Se alinean y equilibran tus *chacras* dorsales con esta geometría de Luz Pura hexagonal integrando la información de la Luz Pura Solar
- Te quedas en un estado contemplativo de asimilación de la esencia mágica solar que se irradia hacia ti regenerando todas tus capas del aura, sincronizando tus *chacras* con geometría sagrada de Luz Pura Solar
- Esto te permite integrar la consciencia de Luz Pura Solar y abrirte a nuevas posibilidades de ser y estar en la Tierra como ser biológico de luz
- Una vez que te estabilizas en esta frecuencia vibratoria de Luz Pura Solar vas a dar el paso para integrar las cualidades del cuarto triángulo sagrado
- Dentro de la crisálida de Luz Pura que te rodea aparece llamativo el vórtice de luz de Propósito. Lo pulsas mentalmente dando permiso para integrar la energía de Propósito solar que empieza a emitir la crisálida. Permites recuperar en tu cuerpo el campo electromagnético y fotónico, sincronizándolo y nutriéndolo con la energía solar. Al recuperar el Propósito solar vas a deshacer los campos de pensamiento-sentimiento que están reteniendo el flujo natural de la vida. Paulatinamente vas recobrando la capacidad de regenerar tu campo bioenergético. Tu armonía aumenta y fluye el sincronismo vital
- Devuelves el Propósito divino de crear vida a tus átomos, a tus células, a tus tejidos, a tus órganos, vísceras, glándulas, en tus huesos, ligamentos, tendones, músculos, integrando el Propósito en tus capas del aura, en tus *chacras*, en tus meridianos hasta que logras que toda la biología se sincronice con el Propósito espiritual del Sol.

Al integrar el Propósito en todo tu cuerpo los guías de la Luz Pura Solar aprovechan, con sus manos etéricas para restablecer la funcionalidad del cuerpo biológico, emocional, mental, bioenergético, espiritual

- Una vez recuperado el Propósito pasas a integrar la siguiente cualidad de la Luz Pura Solar. Ahora das el paso para activar el vórtice de Identidad
- Dentro de la crisálida de Luz Pura que te rodea aparece llamativo el vórtice de Luz Pura de Identidad de ser. Lo activas mentalmente dando permiso para integrar la identidad de ser de Luz Pura Solar. El campo coherente de identidad como ser de Luz Pura Solar que empieza a emitir la crisálida va eliminando la falsa identidad sobre la idea que tienes de ti y de la vida. Permites soltar de tu cuerpo todas las falsas ideas sobre ti, todos los campos de pensamiento-sentimiento que te están impidiendo que fluya la vida y que tu cuerpo físico se regenere constantemente. Integras los ritmos solares, te identificas con el Sol e integras las frecuencias de Luz Pura Solar necesarias para la vida en plenitud
- Vas asimilando tu identidad como ser de Luz, en tus moléculas, en tus células, en tus tejidos, en tus órganos, vísceras, glándulas, en tus huesos, ligamentos, tendones, músculos, integrándolo en tus capas del aura, en tus *chacras*, en tus meridianos hasta que logras que en todo tu ser de luz se integre la Luz Pura Solar
- Integras tu identidad cósmica y te abres a nuevas posibilidades en sintonía con la esencia mágica solar
- En este estado de fluidez vital los guías y ángeles de la Luz Pura Solar aprovechan con cristales de acupuntura estelar solar para activar tu sistema endocrino segregando nuevas hormonas que faciliten tu proceso evolutivo
- Ahora das permiso para activar el vórtice de Liderazgo

- Dentro de la crisálida de Luz Pura que te rodea aparece llamativo el vórtice de Luz Pura para el Liderazgo vital. Lo pulsas mentalmente dando permiso para integrar las ondas multifrecuencia de Luz Solar para el Liderazgo vital, cualidad que empieza a emitir la crisálida. Permites integrar tu cuerpo de Luz Solar. Ejerces el Liderazgo para integrar la presencia de cada una de las partes del sistema solar en tu cuerpo. Te permites ser una, uno con el Sol y los planetas

- Recuperas de nuevo tu esencia solar en tus tejidos; los sincronizas en conexión con el Cosmos a través del Sol integrando de nuevo la fluidez vital plena. Integrando de nuevo la energía del Sol en tus moléculas, en tus células, en tus tejidos, en tus órganos, vísceras, glándulas, en tus huesos, ligamentos, tendones, músculos, integrándolo en tus capas del aura, en tus *chacras*, en tus meridianos hasta que logras que todo tu ser de luz se sincronice con el entendimiento espiritual del Sol de donde emana la vida

- En este estado de sincronismo y alta vibración los guías y ángeles de la Luz Pura Solar aprovechan con cristales de acupuntura estelar solar para restablecer el Propósito, la Identidad y la capacidad de Liderazgo en todos los niveles de tu ser

- Ahora abres tu corazón y das permiso para bajar geometría sagrada de Luz Pura desde la sexta dimensión del Sol. Tus capas del aura se van nutriendo con millones de formas geométricas de Luz Pura Solar. Estas formas de luz van restaurando tu campo áurico, restableciendo la luminosidad en tu piel, en la primera capa, en la segunda capa, en la tercera, en la cuarta, en la quinta y así hasta doce

- En este alto nivel vibratorio puedes realizar un trabajo de sanación evolutivo para ti

- Piensa en una situación del pasado que quieras actualizar emocionalmente. Manteniendo la situación en tu mente, das permiso para que los guías de la Luz Pura Solar y los ángeles solares rodeen la situación con crisálidas de la Luz Pura Solar. Das permiso para que la crisálida emita hacia dentro geometría sagrada y rayos de Luz Solar que vayan disolviendo los campos de pensamiento-sentimiento de baja vibración guardados por tu experiencia. Una vez que la situación emocional se disuelva puedes pasar de nuevo a alinear tu canal central y restablecer la Luz Pura Solar en todo tu campo áurico
- Cuando terminas de irradiar Luz Pura Solar en tu cuerpo, das permiso para despejar tu canal central y te imaginas entrando en el cristal de unicidad del núcleo terrestre y te fusionas en él dando permiso para ser canal de conexión con el Sol para lo que la Tierra necesite. Ahora subes a tu cuerpo actual en la corteza terrestre recobrando los ritmos electromagnéticos con la Tierra en conexión plena con el Sol
- Ahora das permiso para volver al estado de vigilia con más consciencia y equilibrio en tu cuerpo físico

Este es un protocolo simple para automatizar la integración del cuarto triángulo sagrado de las cualidades de la Luz Pura Solar; también puedes utilizar este protocolo para conectarte con el resto de los vórtices de la Luz Pura Solar por separado, por triángulos o en su conjunto

Para avanzar más fácilmente en tu evolución, incluimos en este libro las inducciones originales canalizadas por el autor y su transcripción escrita. Cuantas más veces pongas el audio y leas el texto, más avanzarás en tu conexión con el Sol.

Puedes descargarte el audio original para la iniciación al cuatro triángulo de Luz Pura Solar con la ayuda de este bidi:

Esta inducción está realizada en un alto nivel de conexión con el Sol. Al haber sido grabada multidimensionalmente, la energía se manifiesta en el espacio donde estás con solo ponerla, no hace falta que entiendas lo que estás haciendo. Esto te garantiza tener una iniciación al Sol guiada. En realidad tengo que decir que la inducción se puede realizar también en silencio, sin lenguaje, pues la energía es irradiada desde mi Yo Superior en fusión con el Sol.

Al escuchar el audio o leer la inducción transcrita estás activando las rutas neuronales de conexión al Sol; puedes hacerlo en lectura rápida o con precisión, cualquiera de las dos maneras va a permitirte integrar mejor los códigos sagrados del Sol en cada lectura. Además puedes aprender detalles útiles para tu evolución personal.

Puedes descargarte la transcripción de esta inducción con ayuda de este bidi:

LA LUPA DE AINTZANE

Repetición neuronal de iniciaciones anteriores

«Mientras te vuelves a aclimatar se repiten neuronalmente las iniciaciones al primer triángulo, alineando y haciendo un despeje multidimensional, celular, orgánico, también de las vísceras, también de las glándulas, también de tus fluidos y ahora se vuelven a imprimir en tus capas del aura irradiantes con geometría sagrada de Consciencia, Amor, Entendimiento de tu Propósito, de tu Identidad solar, de tu Liderazgo como ser humano multidimensional en la consciencia del astro Sol».

Cuando evolucionamos vamos cambiando hábitos antiguos que ya no corresponden con nuestra identidad actual, para instalar hábitos nuevos con los que nos identificamos más y que corresponden a la nueva realidad que nos toca vivir en el nuevo nivel evolutivo. Para hacer esto el cerebro dispone de la capacidad de regenerar las rutas neuronales que más utilizamos y afianzarlas en las nuevas posibilidades. Esta capacidad de regeneración del cerebro se denomina «neuroplasticidad».

Un ejemplo de esto puede ser que cuando eras un niño o un adolescente aprendiste a tensar el estómago o incluso a enfadarte cuando algo no te salía bien a la primera. Esto estaba bien si los obstáculos eran físicos, pues gastabas la adrenalina corriendo o escapando de alguien si estabas jugando. Hoy en día sabes que para lograr algo exitoso, normalmente has de vencer los obstáculos que se te presenten; para ello normalmente realizarás varios intentos y pasarás por diversas etapas de aprendizaje hasta dominar una materia. La tensión que generas en el estómago, si no la gastas físicamente puede llegar a generar patrones de lucha-huída-parálisis. Estos patrones pueden generar cortocircuitos neuronales que te llevan a agotarte emocionalmente y a producirte un buen dolor de espalda. En su día tus vísceras se tensaban con la intención positiva ancestral de empujar con fuerza para salir adelante eliminando los obstáculos que te impedían avanzar físicamente. Esas rutas neuronales se activan automáticamente y cada vez que se te plantea cualquier impedimento, por pequeño e inconsciente que sea, tus vísceras se tensan involuntariamente hasta quedar colapsadas. Restablecer la calma biológica ante los pequeños o grandes retos es fundamental para recuperar tu vitalidad. Sobre todo ahora que estamos en la era digital y que muchos de esos obstáculos los encontramos dentro de un ordenador o de un teléfono, con lo cual no gastamos físicamente la adrenalina que generamos. Controlamos e inhibimos las emociones hasta que ya no podemos más y estallamos con lo que normalmente llamamos un ataque de ansiedad.

Uno de los grandes retos actuales es la falta de tiempo para integrar la información ya estudiada. En el caso de las inducciones para la asimilación de la Luz Pura Solar, aprovechamos esta capacidad de repetición del cerebro para actualizar las rutas neuronales de las inducciones anteriores. Esto nos permite lograr la conexión con el Sol de una manera cada vez más rápida y eficaz. Una clave importante en este nivel de evolución es empezar a emplear los recursos de nuestro cerebro para regenerar y afianzar las rutas neuronales. La gran desconfianza con la que trabajamos a nivel cerebral hace que este se atrofie.

Al cerebro como órgano le gusta procesar grandes lotes de información, actualizar sus rutas neuronales y regenerarlas.

Cada vez que te pones una inducción realizas una espiral de aprendizaje y afianzas tus rutas personales positivas. En este caso entendemos por rutas neuronales positivas las que te llevan vivir en Luz Pura Solar.

Neuroplasticidad

«Y ahora entras en el templo de la luz de esencia mágica solar y tu nivel de neuroplasticidad integra el primer nivel, integra el segundo nivel, y ahora aparecen cuadrados, hexágonos, pentágonos, heptágonos, octógonos, y otras formas geométricas de luz también en cinco dimensiones rellenando y acomodando órganos, vísceras, glándulas, tendones, ligamentos, músculos, cartílagos, huesos y todo el sistema límbico se actualiza ahora, recargando y almacenando toda esta energía solar para convertirla en bioplasma».

La neuroplasticidad es la capacidad que tiene el cerebro para formar nuevas conexiones nerviosas y hacer grandes corredores de información para las áreas del cerebro que más utilizamos.

Durante muchos años, la ciencia nos hizo creer que a partir de cierta edad las neuronas que morían no se renovaban. Las últimas investigaciones científicas demuestran que la actividad mental modifica físicamente el cerebro. Y que la activación de nuevos aprendizajes mejora su regeneración y plasticidad.

Segregar

«Mientras eso sucede, tú te recargas y recobras optimismo y recobras positividad y empiezas a segregar las hormonas y vitaminas y aminoácidos, proteínas, etc., que te facilita esta energía irradiante solar dentro de ti».

Todos entendemos que ante un estímulo externo es normal que nuestro sistema endocrino segregue hormonas para responder al mismo.

Con la intención y la visualización puedes conseguir que tu cerebro dé órdenes y se ejecuten reacciones sin necesidad de estar presente el hecho que lo cause. Esto es algo natural que nos pasa a todos. Solo un recuerdo puede hacer que una persona se estimule sexualmente. O pensar en un alimento hace que tu sistema digestivo prepare sus jugos gástricos para comer.

Cambio de creencias, cambio de paradigmas

«Mientras eso sucede, pasas por un espacio de cristales espejo que absorben todo lo que no es, todas las mentiras que tú has creído de ti, todas las mentiras que has creído de tu biología, de tu espíritu, de tu procedencia, y vas dejando que todo esto se vaya absorbiendo por los espejos, mientras los espejos irradian la veracidad de la identidad solar».

El cambio de nuestras rutas neuronales va unido a un cambio de creencias que muchas veces se realizan de manera inconsciente y que, como resultado, da lugar a que enfoquemos de una manera u otra la vida.

Por ejemplo, en nuestra cultura estamos familiarizados con la siguiente creencia: «pienso luego existo». Cuando eres consciente de que tú eres el programador y creador de tus propios pensamientos cambia el paradigma. Por ejemplo: ¿quién es el que se da cuenta que piensa y existe, quizás tu Yo Superior, tu esencia atemporal?

También te puedes dar cuenta de cuando estás en un nivel superior de consciencia y ves tu campo de energía repleto de pensamientos. De recuerdos basados en memorias antiguas que se piensan a sí mismos una y otra vez. Y, cuando envías Luz Pura Solar, se disipan. Esto hace que te sientas más libre mental y emocionalmente. A esto lo llamamos «pensamientos parásitos», y es bueno desacoplarlos del cuerpo.

Célula de esencia mágica solar

«Ahora asciendes a la sexta dimensión del Sol, te fusionas directamente con la esencia creadora de la vida y te permites que esta identidad se afiance dentro de tu sistema límbico, dentro de tu sistema nervioso, dentro de todo tu campo bioenergético y ahora se imprime la identidad 'vida' con la célula sonriente solar en tu coronilla...»

La célula de esencia mágica solar, es el Yo Superior de la célula, es la esencia solar que pone en comunicación a tu célula con el Cosmos a través del Sol.

La célula, cuando integra su Yo Superior solar, accede a una sabiduría que le permite abrirse a nuevas opciones y posibilidades de regeneración, sanación, conexión espiritual, etc.

Es una imagen que podemos utilizar como mandala, pues simplemente visualizándola allá donde queramos ya hace su magia. Puede tener múltiples aplicaciones; cada uno puede aplicarla usando su creatividad.

Células con ADN solar

«Mientras eso sucede, desde tus centros superiores de consciencia y desde todas las partes de tu cuerpo, ahora entran y se multiplican millones de células con ADN solar, con acceso multidimensional y acceso a todos los nutrientes y minerales de la Tierra».

Al activar la esencia mágica celular solar esta irradia su luz sobre tus células biológicas materiales, logrando por fusión la integración de los códigos con sabiduría multidimensional. Estos códigos de luz activan de nuevo el ADN espiritual de tu cuerpo físico, permitiendo la consciencia plena biológica, con acceso directo a la información espiritual original creadora de la biología tal y como se manifiesta en el sistema solar.

La apertura de la matriz cósmica solar en el interior del núcleo celular nos abre a la consciencia plena de regeneración del cuerpo biológico aportando más vitalidad.

Sentidos extendidos solares

«Lo mismo sucede en el nervio óptico, quiasma óptico y tus ojos, extendiendo la energía identidad 'vida' con la sabiduría y los dones de los sentidos extendidos solares».

A medida que vayamos integrando la Luz Pura Solar conseguiremos una mayor amplitud de nuestros cinco sentidos así como el desarrollo de otros que ahora mismo no somos capaces de percibir.

Podemos destacar un aumento paulatino de la propio-percepción del cuerpo físico, siendo capaces de ver como fluye la energía por dentro. También qué emociones y experiencias tenemos atascadas generando enfermedad. Otra manera de extensión natural de los sentidos se da cuando liberamos la glándula pineal de energías de baja vibración.

Esto nos permite ver la energía de otras dimensiones, sentir y ver a los guías, etc. pasando de un pensamiento tridimensional a un pensamiento consciente multidimensional.

Campo holográfico

«...todo tu campo holográfico se integra también a nivel del tacto y de la epidermis».

Todo el Universo es un gran campo holográfico de información. Experimentas la vida desde los cinco sentidos, mientras tu cuerpo se construye continuamente con átomos y moléculas que tu inteligencia biológica sabe aprovechar para construirte y manifestar la vida de una manera casi invisible. Cuando expandes tu mente perceptiva y percibes la información del nivel celular desde el ser, empiezas a aumentar tu presencia y a generar tu enraizamiento estelar. Tu cerebro está diseñado para percibir este campo de energía; lo hace continuamente aunque sea para adaptarse al ambiente. Todos los días estamos inmersos en campos de pensamiento, experiencia, emoción que hay en el trabajo, en casa, etc. Este campo embulle a sus miembros y les hace crear unas formas de comportamiento llamadas globalmente «cultura». A través de la práctica de conexión a la esencia mágica de las estrellas, nos hacemos mucho más independientes de los campos de pensamiento de los demás. Además, manejar la bioenergética estelar nos facilita enormemente el desarrollo de nuevas habilidades antes no imaginadas. Actualizar tu holograma te ayudará a ser.

EJEMPLOS DE
APLICACIÓN DE
LUZ PURA SOLAR
EN TU VIDA

GENERANDO VISIÓN EVOLUTIVA

A continuación vamos a compartir ejemplos prácticos de aplicación de la Luz Pura Solar. Como ya hemos comentado, nos han enseñado a pensar sobre el pasado como algo que ya sucedió y sobre lo que no se puede hacer nada, y sobre el futuro como algo que está por venir que sí podemos cambiar. Pero cuando piensas multidimensionalmente estas diferencias no existen. Todo es nuevo y todo está hecho a la vez, todo se está haciendo, con lo cual te pido que pienses holográficamente y actúes sobre las experiencias pasadas que has grabado en la memoria de tu cuerpo, sacándolas por capas, como cuando un antropólogo hace excavaciones y determina como se vivía hace 2.000 años y lo hace analizando los substratos que encuentran depositados en el subsuelo.

Todos las memorias que mantienes estancadas en tu cuerpo holográfico de experiencias vividas están generando tu mapa de la realidad. También inconscientemente se proyectan al futuro.

En una espiral de ascensión queremos aligerar esas memorias de pensamiento-sentimiento para vibrar constantemente en emociones más altas. Este campo de emoción positiva facilita la conexión con el ser.

En cada espiral nuestro carácter se limpia, se actualiza a nuestra consciencia actual produciendo un cambio de ritmos en el metabolismo celular y en todos los tejidos, nuestra consciencia espiritual biológica se acrecienta, activando la asimilación de la Luz Pura. Al limpiarse de experiencias el nivel de carácter, en el nivel de la personalidad emergen placenteramente los valores y las cualidades de la Luz Pura. Cuando la Consciencia, el Amor y el Entendimiento fluyen por todo el cuerpo, la presencia se restablece aportando al cuerpo la sabiduría de tu ser.

Ejemplos de como aplicar las espirales de sanación evolutiva

En cada espiral de aprendizaje hemos de dar al menos cuatro pasos:

1. Generar una disposición inicial consistente de conexión al Sol
2. Aplicar los distintos vórtices de Luz Pura que entendamos convenientes para el Propósito que nos hayamos marcado
3. Restablecer de nuevo, como hemos descrito, nuestro campo bioenergético
4. Hacer un pequeño mapa de las situaciones futuras a actualizar en la siguiente espiral evolutiva sanadora

En este proceso, la Luz Pura Solar de alta vibración es reconocida y biocodificada por nuestro cuerpo físico. Uno de los resultados de esta biocodificación de la luz es que tu cuerpo físico desaloja automáticamente las energías de baja vibración que son incompatibles con tu nuevo estado de consciencia como ser de luz. Este proceso de actualización puede soltar emociones reprimidas que estaban archivadas en el cuerpo creando enfermedad. Al soltarlas tu campo bioenergético se puede desestabilizar y es necesario equilibrarlo de nuevo antes de continuar. Una vez estabilizado y afianzado tu cuerpo de luz puedes realizar la siguiente espiral evolutiva con los contenidos que creas conveniente.

Puedes aplicar las espirales de sanación evolutiva:

- Con la intención de actualizar tu cuerpo de luz
- Para crear sincronismos para la orientación vital
- Para instalar tu cuerpo de Luz Pura Solar, partiendo del Propósito de ejercer Liderazgo
- Para actualizar la respuesta emocional de una situación del pasado
- Partiendo de una respuesta visceral actual para realizar una sanación
- Para enviar energía a un ser querido
- Para proyectar energía a una situación futura
- Para facilitar las relaciones interpersonales

Según vayas avanzando descubrirás muchas más.

Describiremos ahora las distintas espirales de sanación con ayuda de algunos ejemplos prácticos.

Espirales de sanación aplicadas con la intención de actualizar tu cuerpo de luz

Cuando realizas una inducción de energía rehaces tu cuerpo de luz desde tu esencia espiritual solar, reafirmas tu identidad de ser de luz y, en consecuencia, recuperas tu conexión plena a los recursos bioenergéticos que te ofrece el Sol.

A nivel de personalidad y carácter vas aprendiendo a aplicar las doce cualidades de la Luz Pura para situaciones cotidianas, y así ser cada vez más capaz y feliz. Cada uno de los triángulos de la Luz Pura te transporta a otro nivel de vibración y capacidad.

Piensa: ¿Cómo será tu vida con más Consciencia, más Amor y más Entendimiento?

¿Cómo vivirás con más Paz, Conexión, Transparencia?

¿Qué va a suceder cuando integres más tu Coherencia de Ser, Gozo de Ser e Integridad del Ser en tu vida cotidiana?

¿Qué diferencias va a haber cuando actúes desde el Propósito, en tu Identidad y Liderazgo?

Integrar las doce cualidades de la Luz Pura Solar te facilitará la vida en muchos aspectos:

- Para despejar tu campo de pensamiento y sentimiento de parásitos emocionales, de pensamientos de baja vibración, despejar del bajo astral que te rodea o que se adhiere a tu campo en la relación con otras personas que viven con mucho sufrimiento o enfermedad
- Para recargarte de luz y vitalidad para expresar tu Yo Soy, tu ser de luz

Según vayas recuperando presencia, tu cuerpo mejorará y se equilibrará emocionalmente. Cada vez te resultará más sencillo interactuar en Luz Pura en todas las situaciones cotidianas. Se convertirá en un hábito para ti y tu cerebro lo automatizará sustituyendo las rutas neuronales antiguas por las de experiencias de Luz Pura. Una transformación completa y apasionante que se nos abre en este proceso de ascensión.

Puedes repasar y ponerte la inducción tantas veces como creas necesario, esto reforzará tu campo bioenergético.

Espirales de sanación utilizadas para crear sincronismos para la orientación vital

Cuando partimos de un propósito estamos centrando la atención en aplicar la energía para el propósito escogido. Por ejemplo, mis hijas están en una edad en la que tienen que escoger qué van a estudiar. Esto es complejo y es un tema en donde es importante acertar, aparte de los miedos lógicos y tradicionales que existen para tomar decisiones de este tipo. Pueden ponerse la inducción de energía o, en su caso, como ya están entrenadas, simplemente bajar la luz para este propósito. En mi caso, como padre, también lo puedo hacer de tal manera que me vengan ideas y sincronismos para poder orientarlas adecuadamente. Mi hija mayor había vislumbrado varias opciones: había escogido estudiar medicina, pues el contenido de esta carrera le interesaba mucho. Pero en cambio no sabía si iba a disfrutar trabajando como médico. Al cabo de unos días de estar bajando la energía de Luz Pura con el propósito de elegir carrera sucedieron varios sincronismos curiosos. El primero es que soñó que era cirujano, que no terminaba de disfrutarlo y sentirse cómoda con su profesión. A la semana siguiente mi mujer y yo habíamos planeado hacer una excursión a Vegabaños, en Picos de Europa. Pensábamos ir en bicicleta, solos como novios pues nuestras hijas ya tienen agenda propia y como buenas adolescentes prefieren salir con sus amigas que ir con sus padres al monte. Cual fue nuestra sorpresa cuando, al escuchar que íbamos a ir, se apuntaron y tuvimos que cambiar el plan para ir juntos. Después me llama un buen amigo que es cirujano y odontólogo y está siempre muy ocupado y viajando. Le cuento el plan e inmediatamente se apunta también. En el viaje él compartió su experiencia con mi hija. Y ella se situó más, aunque seguía dudando. Por una cuestión sin importancia fue al médico, la atendió una doctora que empatiza con ella y le preguntó qué iba a estudiar. Mi hija le dijo que medicina pero que no se veía ejerciendo. La médico se rió y le dijo: «¡qué lista eres! Si yo llego a pensar eso a tu edad hubiera estudiado otra cosa».

Ese año coincidimos esquiando con su primo, que está trabajando en Singapur para una consultora americana y le explicó a mi hija cuál era el trabajo que realiza. A mi hija le fascinó y se dio cuenta de que tenía que enfocarse hacia algo distinto, y también de que le gustaba la organización.

Además de utilizar otros métodos para explorar sus valores, con una inducción de energía realizada con un propósito concreto puedes generar directamente estos sincronismos.

Una vez decididos los nuevos estudios, volvimos a realizar una inducción, esta vez con el propósito de sentirse estudiando y ejerciendo como economista o abogado. Simplemente empezamos a aplicar Consciencia, Amor, Entendimiento para este contenido. Vimos las respuestas del cuerpo y fuimos haciendo lo mismo con los tres triángulos siguientes. De cualquier manera, elijamos lo que elijamos después, el proceso es beneficioso. Nos ayuda a discernir y a eliminar miedos a ser.

Es importante en estos casos realizar una exploración lógica, mental, emocional, y otra analógica, emocional, espiritual para seguir avanzando en la integración de Propósito, Valores y Conducta. Hay que realizar tantas espirales como sea oportuno, en todas ellas se evoluciona.

Espirales de sanación utilizadas para instalar tu cuerpo de Luz Pura Solar partiendo del Propósito de ejercer el Liderazgo

Para instalar tu cuerpo de Luz Solar hemos diseñado estos procedimientos. Tendrás que ir actualizándote por pasos, por espirales de integración y aprendizaje.

Para generar una visión evolutiva puedes empezar aplicando el vórtice de Luz Pura que intuitivamente creas conveniente. En este ejemplo quiero mejorar mi Liderazgo vital desde el ser y empezaré aplicando la Luz Pura Solar con el vórtice de Liderazgo. Como veremos en el texto que compartimos a continuación, se van a combinar todos los vórtices de Luz Pura que necesitemos; muchas veces saltando de uno a otro, otras veces en combinación o bien en conjunto con formas de geometría sagrada. Hay infinitas formas de aplicación efectiva de la Luz Pura. La experiencia que vamos a compartir ha sido escrita mientras manifiesto la Luz Pura Solar para mejorar mis capacidades de Liderazgo multidimensional para llevar a cabo el proyecto Luz Pura. Como parte de este proyecto consiste en integrar mis cuerpos de luz de las estrellas aprovecho proactivamente para dar un paso más en la integración de mi cuerpo de Luz Solar.

Te proponemos que realices esta práctica para ir incorporando tu cuerpo de Luz Pura Solar.

En esta primera espiral de integración experimentaremos formas de aplicación de la Luz Pura Solar:

- Te conectas bien al Sol, de la manera que creas conveniente, poniéndote las inducciones o simplemente activando tu cuerpo de Luz Solar. Ya hemos descrito variados procedimientos para ello. Si necesitas más coherencia para integrar tu cuerpo de Luz Solar, practica, repite las inducciones tantas veces como sea necesario aunque aparentemente no notes nada o te quedes dormido; están funcionando pues están grabadas y dictadas multidimensionalmente desde mi ser de luz. Si necesitas orientación o ayuda puedes contratar una sesión de entrenamiento individual o asistir a un curso

- Una vez que estás en un buen estado de conexión al Sol, aplica el vórtice de Liderazgo desde el Sol a tu coronilla y deja que los ángeles y guías de la Luz Pura Solar te ayuden; al fin y al cabo ese es su cometido. Acuérdate de darles permiso para interactuar, pues ellos han de respetar tu libre albedrío

- Deja que el cristal gire desenroscando la energía, limpia los campos de pensamiento-sentimiento que te impiden avanzar o entrar en acción con respecto a tu Propósito. Deja que este vórtice irradie la Luz Pura Solar a tu coronilla y a la vez automáticamente lo vaya haciendo *chacra* por *chacra*. En mi caso sale mucha información atascada que me está impidiendo realizar una acción evolutiva, fluida y completa desde el disfrute. Este vórtice me pone en disposición evolutiva, con lo cual pongo en este momento el vórtice de Propósito en mi coronilla, en este caso Propósito solar, y empiezo a transmutar la información funcional que hace que ese *chacra* y toda la zona no esté actualmente en el Propósito de generar vida.

- A continuación aplico el vórtice de Identidad que va a eliminar toda la falsa identidad que me impide aprovechar la capacidad biológica multidimensional de integrar la inteligencia espiritual fisiológica para generar la vida. Empieza a aparecer el síndrome de vulnerabilidad ante la enfermedad, ante el agotamiento, ante el dolor, parece que esa idea de peligro está atascando mi vitalidad y fluidez energética actual. De hecho en mi cuerpo hay todavía mucha información de alarma, peligro y sufrimiento atascada de mi proceso de muerte física. También sale el patrón materno de sufrir y salir adelante en la vida con una carencia física importante, un solo pulmón, y también la impronta epigenética de mi padre de cansancio, angustia y depresión vital. Sé perfectamente que esa memoria epigenética ha de ser actualizada y sustituida por mi cuerpo de Luz Solar; con mi Liderazgo he de transformar esa información adquirida en el plano horizontal por mimetismo inconsciente y observación del medio

- Sigo aplicando con detalle el vórtice de Identidad solar al cerebro del mamífero; paralelamente aplico el de Conexión pues esta parte de mí ha estado conectada a la vida mundana y a la pertenencia al grupo. En esta espiral evolutiva eso ya no me interesa; me estoy programando de nuevo desde mi ser de Luz Pura de las estrellas y deseo recuperar mi identidad y cualidades de ser creador de mi biología a través del Sol

- Sigo aplicando identidad y Conexión al cerebro del mamífero y al del reptil, sin más; estos cristales absorben y transmutan toda la información de patrones familiares de baja vibración y la identidad impresa en mi cuerpo por mi constelación familiar

- Me recuerdo que me estoy programando desde mi ser espiritual, desde el eje vertical, desde la esencia no distorsionada, desde la luz

- Rehago de nuevo todo mi cuerpo bioenergético después de estos cambios para equilibrarme. En este caso me atasca el Liderazgo, el síndrome de vulnerabilidad ante la enfermedad, ante el agotamiento, ante el dolor. Es algo que está integrado muy fuertemente en mi identidad biológica, en mi experiencia vital propia. Es parte de mi sufrimiento existencial. Tendré que repasar los hologramas en donde he aceptado e integrado el campo epigenético de mis padres y he aceptado la enfermedad como algo natural, intrínseco a la vida, algo que tiene que suceder sin remedio. Más adelante subiré al Sol o a otras estrellas y empezaré a actualizar mi memoria biológica de enfermedad actualizando desde la luz todas las situaciones que he vivido enfermo o deteriorado físicamente. También libero todas las emociones que he generado cuando he temido por la vida de mis padres o seres queridos

- Apunto en mi mapa de actualización de mi memoria biológica el mandar Luz Pura a las situaciones del pasado en donde yo admito la enfermedad como un hecho natural por el que todos tenemos que pasar. Apunto las situaciones de sufrimiento que he visto en mis padres, su preocupación e incluso el drama de si mi madre se moría por un simple catarro, dejando cuatro hijos pequeños. Lo apunto para eliminar estas improntas emocionales de mi cuerpo en otras espirales de sanación

- Siguiente espiral: Sigo con la intención de aplicar mi Liderazgo para instalar mi cuerpo de Luz Pura Solar

- Esta es parte de mi experiencia de sanación, voy aplicando la Luz Pura mientras estoy escribiendo. Imprimo en mi corteza cerebral mallas de Luz Pura Solar tejidas con geometría sagrada de Liderazgo, Propósito e Identidad. Empiezo a aplicar de nuevo el vórtice de Liderazgo a la coronilla; empieza a desatascarse de pensamientos-sentimientos que impiden mi integración espiritual plena. Mi bioenergética fluye y limpia mis meridianos, especialmente da salida a través de la coronilla al atasco de los tres primeros *chacras*. Curiosamente veo y siento como empieza a desatascarse información de cuando era pequeño; recuerdo a mis padres decidiendo ir a clases de Teología, intentando ser buenos para que Dios no los castigara y los acompañara en la vida, mi intención positiva en ese momento era ser buen hijo para que ellos me quisieran. Para eso era importante estar a bien con Dios y no cometer pecados pues si no este me castigaría y, como Dios era omnipresente, omnipotente, no había salida, no me podía escapar de él, lo sabía todo de mí, hasta me podía castigar por mis malos pensamientos que por su puesto él escuchaba[4].

- Sigo aplicando el vórtice de Liderazgo en la coronilla y, después de desatascar esta bioenergética «furruñosa» con programas emocionales anticuados funcionando en mi cuerpo, me aparece mi propia imagen en misa; estaba a un lado de la iglesia, sentado en las escaleras de un púlpito. Aquel cura sí sabía; llenó la iglesia de luz al nombrar al Espíritu Santo justo antes de invitarnos a darnos la paz. En ese momento me sentí muy bien y conectado. Fue un buen estado de referencia de espiritualidad positiva, pero

---

4   Hay que situarse en 1970, en una España de religión cristiana obligatoria, aliada con la dictadura para mantenernos a todos «a raya». El virus bioenergético del pecado y la culpa era normal, totalmente aceptado por la sociedad, no se veía como una enfermedad espiritual.

nadie me dijo que podía repetirlo, ni cómo conectarme a esa energía cuando yo quisiera, que esa energía en realidad era parte de mi espíritu y por eso la reconocía y me sentía tan bien. Me enseñaron a no ser merecedor, a culparme con un sinfín de creencias religiosas absurdas pero muy bien diseñadas para que no accediera a mi espiritualidad de manera libre

- Sigo aplicando el vórtice de Liderazgo; en este caso me va intuitivamente al ojo derecho, empieza a girar desenroscando energía que me está impidiendo conectar mi cuerpo de Luz Pura Solar. Vuelve a salir energía atascada en las vísceras. La parte refleja de los tejidos de este ojo se empieza a relajar, pongo el vórtice de conexión a la pupila, después lo amplio al iris, después profundizo hacia dentro de la parte derecha y reconecto el nervio óptico y empiezo a sentir un alivio en la espalda; no miro la información en detalle pero es un patrón de miedo a ser. Son imágenes y sensaciones de pequeño, en donde me dicen que no sea malo y me llaman la atención por todo lo que hago «mal». He sido educado en una familia con muy buena intención, pero en aquella época se educaba así. Mis vísceras almacenan esa información y ejecutan fielmente esos programas de sentimiento-pensamiento de baja autoestima, de no dar la talla y ser malo para otros. Hiciera lo que hiciera parecía que nunca era bastante para obtener suficiente reconocimiento. De hecho, mi colon siempre ha estado tenso e irritado. Hay que tener en cuenta que esa información funciona de manera automática en tus tejidos, en tu cuerpo mental visceral, mientras tu mantienes y construyes una buena idea de ti

- Reconfiguro de nuevo mi cuerpo bioenergético de luz y lo estabilizo

- Finalizo esta segunda espiral. Apunto los patrones y los hologramas que deseo borrar y actualizar

- El segundo patrón que me sale tiene que ver con mi espiritualidad, con mi miedo a ser espiritualmente libre. Tendré que sanar igualmente las iniciaciones a la culpa también diseñadas por la religión. También tengo que sanar el miedo al pecado, al infierno, a las deudas kármicas etc. Yo mismo revisaré mi línea del tiempo y actualizaré mis experiencias con la Luz Pura, desde mi nivel espiritual. He de eliminar las adicciones al sufrimiento generadas por la culpa para volver a disfrutar desde el cuerpo, desde todos los tejidos conscientes de su propia multidimensionalidad. Todo esto lo hago a granel, sin detalles, pues no juzgo; ya no necesito juzgar unitariamente cada situación, aplico mis valores de actuación y simplemente la convierto en Luz Pura, sin más excusas, sin más peros, sin más miedos a ser. Recuerda, actualizas la experiencia de baja vibración a granel, nada de cucharita a cucharita, que así no terminas nunca. Lo haces por transmutación alquímica y lo conviertes de nuevo en Luz Pura irradiante. Si todavía no lo logras así, con la práctica lo conseguirás

- Sigo aplicando el vórtice de Liderazgo a todos los *chacras*, lo aplico en el entrecejo, irradio su luz a todo el cerebro; me viene la palabra Consciencia, aplico este vórtice para irradiar Consciencia solar a mi cerebro. Me viene la información de que tengo que unificar mi cerebro, que tengo que poner en mi Identidad los centros amigdalinos y volver a conectar con mi ser el segundo nivel del cerebro, que no está en mi Identidad; también he de eliminar las adicciones al sufrimiento generadas por la culpa, volver a disfrutar desde el cuerpo, desde todos mis tejidos conscientes de su multidimensionalidad

- Activando su inteligencia espiritual para restablecer la identidad biológica y sus funciones aplico el vórtice de Identidad. Unifico la identidad y sus funciones

- Aplico el vórtice de Entendimiento; la energía fluye por los centros amigdalinos, por el tallo encefálico, a la vez entra el vórtice de Conexión por el cerebelo hasta la glándula pineal irradiando un fogonazo hacia la parte frontal del cerebro

- Entra el vórtice de Propósito desde la coronilla reprogramando energéticamente los tres niveles del cerebro; se empieza a diluir la identidad de sufrimiento, aplico el de Conexión y así el resto de los vórtices para restaurar la información que me sale

- Aplico de nuevo el vórtice de Liderazgo a la garganta; veo reticencias a hablar de lo no tangible, de lo desconocido, miedo a que me digan que miento, aparecen imágenes difusas de mi madre negando mi realidad, diciéndome que no me invente cosas. Aplico el vórtice de Conexión a mi tiroides y vértebras cervicales; noto que no se reconecta fácilmente, hay una parte que está dura y oscura, no fluye la luz. Conecta parcialmente y me sale una tensión abdominal, vuelvo a aplicar el vórtice de Liderazgo; noto que tengo miedo a no decir la verdad, a equivocarme. Aplico un poco el de Identidad y tengo miedo de decir cosas que no gusten al entorno. Como veo que hay un buen nudo, me sigo aplicando al *chacra* del corazón y me aparece miedo a ser rechazado, a que se rían de mí. Sigo con la misma secuencia de Propósito, Identidad y Liderazgo en el plexo, me sale rechazo visceral porque me digan que miento, miedo a que se rían y me pidan explicaciones científicas de lo que digo, que lo demuestre; eso me pone de muy mala uva. En el primer *chacra* me sale que quién soy yo para hablar de espiritualidad; si no soy religioso, ni tengo estudios de teología, si los demás tienen experiencia y yo soy simplemente un niño. Acabo la espiral reconfigurando mi cuerpo de luz y dejando para otro día mis nuevas actualizaciones

• Patrón a actualizar: creer más en mí, que no me importe que los demás no entiendan o compartan que soy un ser espiritual, respetar también el momento evolutivo de los demás. Las situaciones que me han salido son difusas, con lo cual en la siguiente espiral podré ir directamente a las partes del cuerpo que se tensan y aplicar de nuevo el resto de los vórtices. Toda la situación requiere más Consciencia, más Amor, más Entendimiento, más Transparencia, más Conexión y más Paz, con lo cual será muy interesante aplicar de nuevo estos vórtices de la Luz Pura

• Mi meta en este caso es clara: deseo que todo el cerebro se identifique con mi ser de luz y que cuando haya un peligro acceda directamente a mis recursos espirituales como ser creador[5]. Ahora que ya estoy despierto necesito que mi cerebro actúe siempre desde los recursos de mi ser superior, desde los recursos ilimitados de mi esencia en las estrellas

Recuerda que tú creas constantemente tu cuerpo físico desde tu nivel espiritual. La Coherencia de Ser con tus cuerpos de luz de las estrellas es fundamental para integrar la inteligencia espiritual real en tu cuerpo físico.

Recuerda también que el cuerpo físico, sin la coherencia del espíritu, es como una batería que no se recarga, que solo consume hasta que se descarga por completo. Aunque recarguemos nuestra batería biológica parcialmente con comida y oxígeno del ambiente, esto no es suficiente para la eterna juventud que tanto añoramos. Como seres humanos buscamos intuitivamente un eslabón perdido en el ADN que nos permita rejuvenecer a voluntad. Las condiciones energéticas del planeta han de cambiar mucho para que esto suceda. Un

---

5 En la actualidad, cuando supuestamente hay un peligro, mi cerebro actúa desde mi carácter luchando, huyendo, paralizando o respondiendo desde mi personalidad que recuerda mi experiencia pasada de sufrimiento.

buen paso es activar los cuerpos de luz de las estrellas, en este caso del Sol, para restablecer el entorno adecuado para que tu biología recuerde, sane y restablezca sus verdaderas capacidades.

Si deseas llevar a cabo el proceso de ascensión vas a necesitar soltar todo el lastre emocional que tienes adherido a tu cuerpo de luz.

A través de las inducciones de energía Solar que te hemos preparado podrás ir actualizando tu cuerpo de Luz Solar.

Espirales de sanación utilizadas para actualizar la respuesta emocional de una situación del pasado

Estamos acostumbrados a entender una situación del pasado como un hecho inamovible sobre el que ya no se puede hacer nada. Pero la realidad energética es distinta. Desde otro nivel dimensional fuera del espacio-tiempo, para el ser todo está unido y se puede interactuar con el pasado, el presente y el futuro a la vez, igual que en la película *Regreso al futuro*: cuando cambiamos cualquier memoria del pasado esto afecta al presente y al futuro. Cuando ahora interactuamos desde el presente sobre el pasado estamos realmente actuando desde el futuro de la situación. No es un simple juego de palabras, es una realidad holográfica multidimensional. Solo podrás comprender esta realidad con los dos hemisferios cerebrales conectados y en un estado de consciencia multidimensional. Que no la comprendas del todo no tiene importancia, lo importante es que tengas la intención de convertir las experiencias pasadas en aprendizaje para vivir en Luz Pura y que atiendas a la necesidad de tu tercer nivel del cerebro de evolucionar y activar la presencia de tu ser en este nivel dimensional aquí ahora en la Tierra.

Cuando hablamos de «sanar» hablamos de reconstruir un patrón holográfico completo que incluye la conexión y el sincronismo pleno con tu esencia en el Cosmos. Las sanaciones las realizas desde tus cuerpos de luz de las estrellas, desde tu Yo Superior, restaurando su presencia, activando la conexión a la sabiduría de tu ser.

Visualizando la experiencia desde tu ser espiritual en quinta y sexta dimensión, puedes ver la conexión lineal del aprendizaje emocional e interactuar sobre tu experiencia vital limitante[6] en cualquier momento de tu vida.

Cuando sueltas bionergéticamente la opacidad generada en tu cuerpo de luz, la esencia se restablece y se actualiza el campo emocional en las cualidades de la Luz Pura. En las inducciones tenemos un modo holográfico de rehacer nuestro campo de luz actualizando al momento nuestras vivencias del pasado con recursos y consciencia actual. Por mi parte considero imposible describir con detalle lineal y en palabras todo lo que sucede en una sanación holográfica pero a lo largo de esta sección intentaré describir algunos conceptos.

Imaginemos una situación pasada de conflicto familiar que queramos liberar de nuestra memoria biológica. Nos po-

---

6   Entendemos como experiencia mental limitante la que no te permite vivir en cuerpo físico con plena expresión de tu ser en Luz Pura.

nemos en nuestro estado de conexión solar y desde ese estado recordamos la situación en la que nos vimos implicados; en mi caso una situación familiar en donde mis padres no estaban de acuerdo con mi actitud de adolescente y me querían obligar a salir con mi hermano y su pandilla. El tema derivó en una discusión con bronca monumental incluida.

En la primera fase de la discusión, ¿qué pasó en nuestros cerebros? Al sentirnos acorralados, el primer nivel del cerebro toma el mando y la reunión se convierte en una disputa. Todos están asustados y nadie tiene intención de entender al otro. Las emociones se hacen presentes y la agresión verbal se eleva de tono. Una vez activado el modo de supervivencia en el cerebro, el cuerpo y la mente van a repeler el ataque como sea, incluso llegando a la agresión física si es necesario. La supervivencia es la supervivencia y para esta parte del cerebro es lo primero. Una vez llegados a este estado emocional, el primer nivel del cerebro tiene los recursos y la jerarquía para tomar el mando. O luchas o huyes o te paralizas, o las tres cosas a la vez. Puede que paralices el estómago y bloquees la respiración mientras intentas controlar tu ira para no llegar a las manos y tirarte al cuello de los otros. Después huyes rechazando el contacto con esas personas para no responder agresivamente otra vez. Recuerda que la intención positiva de tu primer nivel del cerebro es la supervivencia y cuando la información grabada en tus centros amigdalinos consideran que estás en peligro, se convierte en una cuestión de estado y toma el mando. Cualquier animal que se siente herido se vuelve más peligroso. También cuando defiende a su camada de los peligros exteriores se puede volver más autoritario y agresivo.

¿Qué pasa con el aprendizaje emocional de tu cuerpo?

Inconscientemente tu bazo ya no aguanta más, tu estómago no se traga la situación y genera frustración, tu vesícula genera una respuesta de desprecio y tu hígado de ira más o menos controlada. De tu cuerpo bioenergético salen dardos de ira, cordones de manipulación por donde envías tus emociones negativas a los demás para defenderte. Te haces valer demostrando que eres peligroso y que no se te ataca así como así, que hay que respetarte. Esto es muy lógico, pero el proceso va mas allá de lo que puedas pensar. **Repasemos una parte del proceso analizando los detalles.**

Sin saberlo, acabas de crear un vínculo directo de energía malsana con estas personas, que se te puede activar cada vez que las veas o pienses en ellas. Además, acabas de grabar en la amígdala de tu cerebro esta situación como peligrosa. Acabas de decirle al cerebro que vives en un mundo peligroso y que esté alerta para poder responder con rapidez cuando se repitan estímulos externos parecidos. Puedo extenderme con más detalle pero queda claro que cuando en una situación entramos en modo supervivencia se automatizan muchas respuestas emocionales encadenadas a este holograma. En un futuro el cuerpo activará estos síntomas, esta tensión, esta respuesta en cualquier momento en que se vea atacado. La mayoría de las veces sin más motivo ni más utilidad que la de estar alerta por si acaso.

El segundo nivel del cerebro ve como la pertenencia al grupo se desmorona por momentos. Se siente rechazado por su propio grupo, al bajar el apoyo de los miembros de la familia. Las acciones de tu autoestima caen en picado, la prima de riesgo de pertenencia al grupo aumenta, te exigen intereses que tú no estás dispuesto a admitir. Te exigen que no seas tú, que te pongas al servicio de sus miedos y cumplas las normas que por supuesto no compartes y no encajan ni con tus intereses ni con tus valores. Tu afiliación de pertenencia baja y te tienes que posicionar ante ellos. Te pones en tu lugar pero eso te produce un desgarro emocional importante. Te haces preguntas como: ¿Qué pasa, no me entienden?, ¿no me respetan?, ¿no les importa lo que yo sienta? ¿solo me quieren cuando les digo a todo que sí?

El tercer nivel del cerebro está desconectado del mando de la situación; lo percibe desde fuera como si estuviera pasando en un cine. Tu Yo espiritual es consciente pero en ese momento no es capaz de interactuar. Nuestra intención al aplicar la Luz Pura es la de restaurar el campo bioenergético para la coordinación plena del cerebro desde el Yo espiritual. También te va a facultar para entender sus sentimientos y tener en cuenta sus intereses legítimos desde su punto de vista.

Empezamos a limpiar y actualizar este holograma del recuerdo de bajas vibraciones. Alineamos el canal central de la situación, activamos a todos los ayudantes de Luz Pura Solar para que limpien ese holograma y enviamos mallas de Luz Pura Solar con Consciencia, Amor, Entendimiento a todos los participantes en la situación. Al aumentar la Consciencia se va diluyendo la cerrazón de puntos de vista, empezamos a ser capaces de ponernos en su lugar aprendiendo por ejemplo que todas las posturas eran legítimas, que la intención positiva de mis padres era proteger a la familia, que mi intención positiva como adolescente era ser yo, mantener mi identidad y, por supuesto, no ser sumiso respecto a las normas de otros. Al tomar Consciencia de que era legítimo intentar ser yo mismo, elimino mi falsa identidad de mal hijo al que todos culpaban por no obedecer y no ser como ellos querían. Al aumentar el Amor empieza a diluirse en los cuerpos de mis padres la rabia y la frustración de que su propio hijo no les entienda y obedezca, se empiezan a diluir la rabia, la frustración y la culpa que yo genero en esa situación de rechazo. Al aumentar el Entendimiento empieza a fluir la energía positiva de nuevo, entendiendo la intención positiva de todos. Desde mi esencia solar hago un reequilibrado automático de *chacras* y capas del aura neutralizando la baja vibración almacenada en mi campo por las experiencias pasadas. Veo como el campo áurico empieza a recuperar su forma y como los *chacras* empiezan a volver a su ritmo natural. Con el cristal de Amor irradio ondas de luz a todas las personas y voy una por una aplicando esta cualidad en su garganta, hasta que la situación de agresión verbal se suaviza. Desde la quinta dimensión aplico geometría sagrada para restablecer el campo bioenergético.

Empiezo a aplicar mallas de luz de Transparencia, Conexión y Paz. Se hace transparente el pánico de mis padres al no saber dirigir la situación. Se hace transparente el enfado monumental y rabia con el que yo les respondo. Es obvio que no hay acuerdo posible en ese nivel evolutivo, ninguno da para más. Les envío a todos de nuevo Amor irradiante al centro de la sala en donde se producen «los hechos». Visualmente sale mucha energía sucia y de baja vibración; restablezco de nuevo el campo. A continuación envío a los ayudantes de la Luz Pura Solar a aplicar el vórtice de Conexión a todos los cordones negativos que se han hecho visibles, los conecto a la Luz Pura Solar y al campo emocional del holograma que se empieza a diluir. Miro y algunos de esos cordones van a experiencias familiares de la niñez en donde se me ha obligado a cumplir normas que no entiendo, otros van a otras vidas en donde se me impuso el poder de la autoridad sobre mi libre albedrío intuitivo. Después iré a actualizar estos recuerdos de vidas pasadas aplicando estos procedimientos de nuevo hasta limpiar mi respuesta emocional actual, y lo que es más importante, hasta completar el ciclo de aprendizaje de mi alma. Lo bueno es que, cuando realizas esta acción, muchas veces el cerebro genera un patrón automático de sanación espiritual de recuerdos basados en hologramas antiguos. Solo tienes que soltar el miedo a ser feliz a pesar de que en el mundo puedan pasar estas cosas. Tu cerebro aprende todos los patrones que repites y los ejecuta inconscientemente para ti. El patrón de sanación que estás aprendiendo-recordando parece muy complejo, pero también te parecía dificultoso aprender a escribir la A y actualmente la escribes y lees inconscientemente sin dificultad. Hoy en día, con solo pensar en una situación la convierto en Luz Pura y realizo la sanación de manera automática.

¿Cómo me gustaría haber respondido desde mi situación de Consciencia y recursos actuales? Las respuestas automáticas aprendidas del cuerpo están todavía presentes en mí. Estas respuestas en su día me permitieron sobrevivir a la situación, pero hoy me causan dolor abdominal y un estrés automático que me hace estar en guardia constante en cuanto percibo un intento de imposición en el entorno. Cada vez que tomo consciencia del nivel de rigidez e imposición de poder que existe en la sociedad y en el planeta me pongo tenso y me alejo de la posibilidad de vivir constantemente en Luz Pura. Pero veamos por qué es importante ir devolviendo el campo de información positivo al cuerpo por fases.

Después de esta inducción de energía dejo que todo vuelva a su estado. Es importante que al reparar el holograma salga la información emocional retenida y esta se convierta en aprendizaje evolutivo. También es muy importante restaurar continuamente el campo bioenergético de Luz Pura de alta vibración. Al sacar emociones contenidas de rabia, miedo, frustración, estas pueden deformar tu campo, atascar tus meridianos, descentrar tus *chacras* o romper las capas de aura. Por eso hay que limpiar constantemente, como con la bayeta en la cocina, ensuciamos, limpiamos y reciclamos constantemente. Mantener el campo áurico y la presencia del Yo Soy mientras realizas la sanación es garantía de efectividad. Si pierdes el Yo Soy o te enganchas a la información mental o emocional que sale te puedes pegar un revolcón emocional. Es importante para la evolución espiritual aprender a hacer estas prácticas cada vez con más técnica, precisión y decisión de querer vivir en Luz Pura.

Realizar una sanación partiendo de una respuesta visceral actual

Por ejemplo, estoy en una reunión de negocios y percibo consciente o inconscientemente el intento de manipulación del grupo y desde el nivel visceral respondo con tensión motora y rigidez. Bloqueo la respiración, controlo y no llego a la agresión verbal, aunque mi tono de voz sube. Se pone en marcha un sistema de alarma exagerado y absurdo ante la situación. Pierdo los recursos de negociación al quedarme tenso y bloqueado. Además llego a casa agotado. Al repetir estas acciones más veces, el simple hecho de pensar en la reunión del día siguiente me tensa y hace que no pueda dormir profundamente, llegando al trabajo cansado y sin ganas. Aunque realmente en esa reunión no pasa nada malo, mi tensión contagia a los demás, resuena con su propia respuesta de tensión inconsciente y la reuniones se vuelven tensas sin ningún motivo real.

Esta respuesta emocional se proyecta al futuro con simplemente pensar en una situación parecida. Pero ¿dónde aprendí a responder así y qué intención positiva me lleva a una desconfianza y tensión tan exageradas?

Cuando llego a casa con una respiración alargada y la práctica del Yo Soy activa, aligero la tensión abdominal que me lleva incordiando todo el día, me conecto bien a la Luz Pura Solar y con el vórtice de Transparencia aplico la Luz Pura a la zona donde se produce la tensión y empiezo a tener recuerdos encadenados a esa tensión. Primero me aparecen recuerdos de otras reuniones en donde me llevaron la contraria. Después me vienen situaciones haciendo deporte; estoy subiendo con la moto de trial, ya estoy agotado y me aparece un cortado vertical por donde necesito subir para seguir al grupo y dar la talla; además es la única salida, pues no hay vuelta atrás, nos queda una hora de luz y poco combustible. Me acuerdo de que tres horas antes pude tomar la decisión de regresar por la pista fácil y tomar otro camino pero deseé seguir con la aventura. Bloqueo la respiración, tenso el abdomen y arremeto contra la primera roca del cortado sin saber si voy a caer patas arriba, para atrás o no voy a lograr subir. En este caso lo logro y mi ego se siente muy feliz por ello pero mi respuesta emocional de tensión ante el reto se acrecienta. Miro más para atrás y me aparece una imagen de la mili en donde la estoy armando, me han arrestado, es fin de semana y quiero salir. Me escondo en una furgoneta de cocina y, compinchado con el conductor, salgo del cuartel camuflado entre los sacos de patatas. Nadie se da cuenta, yo lo considero legítimo, pero la tensión abdominal se repite durante toda la tarde. No me importa, he conseguido escapar, estoy muy feliz por mi libertad y tenso a la vez por lo que puede pasar si me cogen. He hecho lo que quiero pero me juego la confianza del grupo y como mínimo un mes de calabozo si soy descubierto. Sale bien pero mi estrés aumenta inconscientemente cada vez que transgredo las normas del grupo. Sigo para atrás, aparece la situación familiar descrita antes. Miro de nuevo con qué está enlazada linealmente esa situación mandando mallas de Luz Pura con Consciencia, Amor, Entendimiento y Transparencia, Conexión, Paz a la zona abdominal y los puntos gatillo que bloquean parcialmente mi respiración. Sigo para atrás y de repente me viene una imagen de un bebé. Soy yo, estoy berreando como un condenado, tengo una escocedura de pañal –los pañales antiguos no son como los de ahora– se me ha irritado la piel y me duele, tengo unos seis meses y la imagen la veo desde fuera de mi cuerpo, desde mi ser de luz. Al ser a tan tierna edad, miro a ver si tiene información kármica de otras vidas: efectivamente, aparezco desesperado muriéndome de suciedad y llagas en una mazmorra en un castillo de Gran Bretaña en el siglo XVII; mis colegas me han traicionado, me han acusado y estoy detenido injustamente. Miro a ver si hay otros episodios importantes relacionados con esta tensión abdominal y con la sensación de miedo y desconfianza que me acompaña toda la vida. Me veo destrozado en un fumadero de opio en Indochina; es una época muy antigua. Aplico sobre la herida abdominal el vórtice de Conexión, mallas de luz de Paz, le doy a los puntos que rodean la gran herida el vórtice de Conexión y Entendimiento. Miro desde mi ser qué memoria guarda mi alma. Me veo a caballo, somos un grupo de nobles llegando a un acuerdo con otro grupo para evitar la guerra, tengo la sensación abdominal de que la cosa no es como nos cuentan, aplico mallas de luz de Transparencia sobre el grupo contrario y percibo que nos van a engañar. Aplico el vórtice de Amor y Conexión a la tensión abdominal que me indica en ese momento que hay falsedad detrás de sus palabras. No hago caso a la intuición y cumplo el pacto de no agresión. Ellos aprovechan para rearmarse, aliarse con otras tribus y atacarnos desde el engaño. Voy a la batalla sabiendo que es imposible ganar pero me da lo mismo, el honor es el honor y mejor morir matando que huir con el rabo entre las piernas. Esas son las situaciones vinculadas a esta respuesta visceral de alarma vital.

La intención del cuerpo al tensarse es avisarme del posible engaño.

En esta primera espiral de sanación hemos intentado tomar consciencia de la intención positiva de nuestras conductas. Hemos aportado Luz Pura para restaurar el equilibrio con los que nos rodean, limpiando respuestas viscerales encadenadas. A nivel bioenergético hemos restaurado un poco el campo de luz.

Espirales de sanación para enviar energía a un ser querido

La luz espiritual es energía estructurada que no está necesariamente sujeta a las reglas fijas de espacio-tiempo, por lo cual tú puedes emitir energía desde tus cuerpos de luz en las estrellas hacia tus seres queridos o a otras personas que por lo que sea están pasando apuros. Para ello el procedimiento básico es conectarte al Sol y, una vez que estés bien centrado en tu cuerpo de luz del Sol, puedes irradiar esta energía hacia la persona que desees ayudar. Por ejemplo, mi hija sale para la universidad cansada y con catarro; cuando me pongo en estado de conexión con el ser para irradiar luz para mis proyectos me la imagino en clase, le genero una crisálida de Luz Solar que la rodea, le alineo los *chacras*, centro sus capas del aura, y despejo su campo bioenergético llenándola de luz. Todo esto tiene niveles de detalle que irás manejando según vayas despertando la pineal y cojas práctica. Hace años, cuando empecé, lo hacía pensando en ella y mandándole positividad, pero esto genera cordones en el plano horizontal y hace que mi energía biológica se desgaste pues hay una transferencia de mi campo bioenergético vital al de ella. También puede hacer que mi preocupación por ella le llegue, invadiendo su campo. Lo más práctico y útil es hacerlo desde tu cuerpo de luz de las estrellas, en este caso desde el Sol. Una vez que integres tu Yo Soy Solar te será sencillo irradiar las cualidades de la Luz Pura Solar sobre su campo bioenergético ayudándola sin interferir. También en ese estado de conexión al Sol puedes activar sus guías, los guías de la Luz Pura para que la ayuden desde el plano etérico a mantenerse coherente y equilibrada en su cuerpo físico. Este es un simple ejemplo de como ayudar a un ser querido manifestando la luz de tu ser superior desde el Sol.

Espirales de sanación para proyectar energía a una situación futura

Este modo de aplicación es muy importante para eliminar patrones de respuesta predeterminados. Cuando nosotros pensamos en una situación futura, nuestro cerebro visceral proyecta inconscientemente las reacciones grabadas en el pasado. Que hayan sido útiles en el pasado, no significa que sean óptimas actualmente.

Para lograr ser más eficientes hemos de mejorar claramente patrones cíclicos de respuesta programados en el pasado, consciente o inconscientemente.

Imagínate un viaje en coche. Me pongo en conexión con el Sol y me visualizo irradiando Luz Pura Solar a todo el trayecto, llenando de luz cada tramo del viaje, llenando de coherencia todas las partes del vehículo, viéndome llegar al destino felizmente, descansado, lleno de luz. Aprovecho para llenar de luz a los viajes parecidos realizados en el pasado.

Si veo que en mi cuerpo sale una tensión aplico el procedimiento para sanar esa tensión; posiblemente me venga alguna imagen impactante de un accidente, algún pinchazo sufrido o alguna avería. Si vienen situaciones concretas aplico el procedimiento para actualizar situaciones del pasado. Si me sale algún miedo difuso aplico mallas de luz de Transparencia, Conexión, Paz. Hago esto tantas veces como considere útil y necesario.

Al salir activo los ángeles solares y ayudantes de la Luz Pura Solar para que despejen el camino y me acompañen.

Esta proyección al futuro me servirá para generar una disposición positiva ante el viaje. Me facilitará que esté pleno de recursos y con pensamiento positivo para conducir. Generará los sincronismos adecuados para que el viaje salga bien.

Cuando hacemos esto habitualmente, nuestro cerebro lo convierte en un hábito, realizando esta tarea inconscientemente cada vez que pensamos en una acción futura.

Espirales de sanación para facilitar las relaciones interpersonales

La manera de aplicar la Luz Pura que vamos a exponer a continuación es para hacer más fluidas las relaciones interpersonales. Hay muchas maneras de hacerlo, pero la más sencilla es ir aplicando cada una de las cualidades pensando en la relación. Pondré un ejemplo práctico.

Por medio de un buen amigo me llama una persona para una colaboración profesional. En principio y de una manera lógica la propuesta no tiene sentido, sería una pérdida de tiempo. Pero aplico todos los vórtices uno por uno pensando en la situación.

Al aumentar la consciencia veo la situación como una oportunidad, con sus riesgos. Al aplicar Amor, siento como me ilusiona, a nivel del corazón, apoyar en términos de valores la iniciativa de esa persona. Me recuerda a mi mismo hace veinte años organizando el mismo entrenamiento, queriendo facilitar las cosas a los demás. También me encaja el resultado final de expandir Consciencia, a través de la acción, la intención de crear un mundo mejor. Otras veces me he dejado llevar por la ilusión emocional de compartir, de generar equipo sin poner de acuerdo todos los niveles del cerebro y después el abdomen se me tensa llegando a generar dolor y ansiedad. Esta vez quiero decidir coherentemente desde todo mi ser. Sintonizamos en valores pero no veo cómo puede encajar todo. Aplico el vórtice de Entendimiento. Quiero entender por qué me llama a la puerta de nuevo esa situación después de tantos años. ¿Qué patrones tengo que actualizar y para qué me va a servir entender esta situación de manera más completa?

Me centro en el Sol, aplico el vórtice de Entendimiento a la coronilla y, me viene que tengo que conocer a más gente, que estoy aquí para ellos y que me va a ayudar de nuevo a conectar con la sociedad en el momento actual, que es interesante salir de nuevo al mundo de los que no me entienden pero que sí tienen interés en avanzar y abrir su mente. Lo aplico al entrecejo, me viene que cada uno está en su momento evolutivo, que lo acepte, que no todo el mundo está interesado en conocer otras realidades. Que mi función es estar con ellos, compartiendo camino en su nivel y momento actual, sin presionar, aceptando su velocidad, estando atento para abrir la puerta a otras dimensiones del ser a quien le pueda interesar. Al aplicarlo a la garganta veo que está influida por una energía turbia que sube desde el abdomen. Elimino esa influencia llevando varios vórtices al abdomen, aliviando la energía malsana directamente desde allí. Este es un tema muy común: cuando la energía de un órgano, víscera o glándula se desborda y sale de su meridiano, inunda los tejidos y puede distorsionar cualquier *chacra* o cualquier parte del cuerpo con su campo de pensamiento-sentimiento. Entiendo que no hay prisa, que todo está bien, que disfrute del momento y de la compañía. Que es simplemente una colaboración, que no es transcendente para mí. Al aplicar el vórtice de Entendimiento al *chacra* del corazón empieza el baile, empiezan a reconectarse campos enteros de información a situaciones pasadas, a otras vidas, me reconecta a otras extensiones del alma. Los flujos de información aumentan, se restablece el entendimiento analógico, flujos de energía cortados o atascados que me han impedido vivir en otras vidas este tipo de acuerdos desde la unidad. La reconexión analógica que facilita este vórtice es mucho más importante que la lógica. Reconecta la fluidez de la energía solar al corazón. En mi caso no hubo una información conceptual específica, simplemente el campo de energía empezó a rehacerse sellando y limpiando cordones, haciendo que los distintos niveles de mi ser se reconectasen y entendiesen que su función es dejar fluir de nuevo la energía del Sol en mi corazón. ¿Alguna vez te han dicho que eres un Sol? Posiblemente en ese momento estás irradiante de Sol sin saberlo. Según se va reconectando toda mi caja torácica y mi corazón va recuperando los ritmos de conexión al Sol, me voy llenando de luz, se va disipando la desconfianza en la vida almacenada en mi corazón por distintos motivos. Confío y doy permiso para conectar e integrar mi alma solar.

Aplico distintos vórtices desde el Sol a mi corazón y me lleno de luz bombeando de nuevo mi esencia solar desde el corazón. Al actualizar analógicamente el entendimiento en cada una de las partes de mi ser se me abre el corazón y me centra en el propósito y en el proyecto que he venido a llevar a cabo.

Quiero más Coherencia, aplico este vórtice de Luz Pura a todo mi campo antes de proseguir. Aplico en detalle el vórtice de Entendimiento al plexo solar. Al principio no entra bien, hago girar el cristal virtual en el tercer *chacra* enroscando energía y desenroscándola. A continuación, el cristal empieza a absorber hacia el Sol la energía atascada. Ni miro al contenido, ¿para qué? Quiero que haya Entendimiento entre el cerebro visceral, el corazón, mi mente racional y mi propósito de ser. Como ya tengo experiencia, sé que me van a salir emociones atascadas de media vida, les doy las gracias y las dejo ir.

Voy aplicando el vórtice de Entendimiento por todo el abdomen con la intención positiva de integrar mi energía visceral con mi esencia espiritual. Doy permiso para que se entiendan vísceras, órganos y glándulas y que se sincronicen en la misma dirección. En el plexo solar hay mucha inteligencia mental antigua, muchos aspectos emocionales sin digerir y que responden automáticamente a nivel de carácter. Que hayamos entendido y aceptado mentalmente las cosas poco humanas de la vida, no significa que las hayamos digerido visceralmente.

Empiezo a entender cuales son las condiciones mínimas de colaboración en las que me sentiría cómodo. Donde están los límites y cual tiene que ser mi propuesta.

Aunque ando escaso de tiempo decido hacer las cosas desde el disfrute de conocer a una persona que comparte valores. Recuerdo mi deseo de generar relaciones interpersonales de alta calidad. Aquí tengo la oportunidad de intercambiar la experiencia vital con esta persona.

Aplico el vórtice de Transparencia, me salen los miedos a perder el tiempo, a ser engañado o defraudado de nuevo, en definitiva los miedos mundanos basados en la experiencia antigua. Aprovecho para limpiarlos. Me pongo en conexión directa con mi ser, *chacra* por *chacra*; el vórtice de Conexión me ayuda a recuperar mi esencia, mis valores. Pero dar el paso me inquieta; aplico el vórtice de Paz. ¿Qué es lo peor que puede pasar? ¿Por qué estoy en guardia? ¿Por qué se me tensa el estómago, si no pasa nada?

¿Qué puede pasar? ¿Que pierda el tiempo, que no sea lo que yo espero? Aplico el vórtice de Paz en las partes de mi cuerpo que se han puesto tensas y aprovecho para eliminar la reacción de defensión programada por la experiencia en mi primer nivel del cerebro.

Esta reacción manda mucho y me impide estar en paz, me vienen imágenes y recuerdos en donde no se han cumplido los acuerdos, me vienen recuerdos de negociaciones y planteamientos impresentables con los ejecutivos de IBM. También la primera vez que organizamos la logística del primer campeonato de Europa de ajedrez rápido. Para mí había sido un éxito juntar en Torre España a los directivos de Apple y al representante del ayuntamiento de Gijón para dotar con ordenadores Apple la sala de prensa del campeonato. En la reunión mantenida se acordó una financiación a seis meses; después incumplieron el acuerdo en el último momento viéndonos obligados a última hora a pagar al contado. Recuerdo una encerrona similar organizando cursos de PNL.

Aquello me dejó confuso; hasta entonces daba por hecho que las personas con más desarrollo personal actuaban con valores de cooperación, intentando un gana-gana; en este caso comprobé que aplicaban todo lo que sabían exclusivamente a su favor. En ese momento recibí una lección magistral de que el mapa no era el territorio.

Pero yo he nacido para ser auténtico, para vivir en Luz Pura y deseo reaccionar en mis valores, no en mis miedos. Aprovecho para limpiar estos contenidos de mi respuesta visceral pasando de nuevo todos los vórtices de la Luz Pura. Cuando quedo con esta persona aparece un Fernando más auténtico, más entrañable, más libre, con desapego al resultado. Con la intención de conocer a un nuevo ser humano y compartir. Desde esa disposición disfruto de compartir experiencias, valores positivos con una mujer ya trabajada, con un proceso de evolución personal claro, con intención de crear, de construir y dispuesta a poner toda la carne en el asador.

Sin importarnos el esfuerzo que supone la acción, los dos nos ponemos a crear la visión que nos permita realizar una acción con éxito en términos de valores. Es curioso como podemos desaprovechar una situación simplemente por no limpiar nuestra experiencia pasada. Gracias a la aplicación de la Luz Pura sigo avanzando en el proyecto.

FELIZ ASCENSIÓN

Si has llegado hasta el final del libro, te felicitamos; eres parte activa del proceso de ascensión. Cada vez que leas el libro entenderás más detalles, avanzarás más y más en cada lectura. Practica, usa este material, utiliza los audios al menos una vez a la semana; los hemos grabado para ti con cariño.

Para cuando hayas leído este libro seguro que tendrás a tu disposición nuevos materiales y entrenamientos a los que puedes acceder en www.esenciamagica.com.

Dentro del proceso de ascensión planetaria todos tenemos nuestro papel; el cambio esperado vendrá con la activación consciente del cuerpo espiritual de la Tierra del cual todos formamos parte. Las nuevas frecuencias de Luz Solar serán metabolizadas en el campo morfogenético de la especie para el despertar masivo de la Humanidad. Para facilitar la actualización de este campo morfogenético se necesitan seres humanos que activen su semilla estelar y sean portadores del nuevo ADN emitido por el Sol y que biológicamente integren estas nuevas frecuencias de luz en sus cuerpos. Bajar el cielo a la Tierra es la intención dormida del inconsciente colectivo de la Humanidad.

Para hacer posible este sueño has de limpiar tu memoria holográfica de nacimiento y conectar tu biología de nuevo a tu esencia en las estrellas. Actualizar tu cuerpo de Luz Solar te ayudará a ello.

Gracias por despertar, gracias por vivir en la luz.

AGRADECIMIENTOS

Dedico este libro al equipo de Luz Pura y a todos los seres humanos que estén en el planeta con el propósito de ascensión. Espero que este trabajo les facilite la integración de su ser cósmico de luz, en este caso de Luz Pura Solar. En especial a los que me acompañáis en el camino de expandir la Luz Pura, que afortunadamente sois cada vez más y lo hacéis desde el deseo más interno de vuestro corazón, de una manera entrañable y silenciosa bajando Luz Pura en vuestras ciudades sin que nadie os lo pida y, por supuesto, sin que nadie os lo reconozca. Con la valentía de saber que si se lo contarais a esas personas a las que ayudáis, se reirían abiertamente de vosotros pensando que sois unos chalados en vez de seres despiertos.

Agradezco a todas las personas que de una manera u otra hacéis posible que lleve mi propósito vital a cabo, especialmente a todos aquellos que me acompañáis desde hace años en mis cursos, talleres y entrenamientos en este indescriptible proceso de ascensión planetaria. Reconozco especialmente la entrega de mi amiga Ana García por atreverse a añadir cantos con tambores a la colección de inducciones. Agradezco a la sociedad donde vivo el no haberme excluido, y por seguir contratando e integrando mis actividades en las áreas empresariales a pesar de que muchas veces no comprendan mis vivencias dentro del proceso de ascensión.

Quiero dar las gracias también a mi mujer, inmejorable compañera de vida, que me ha seguido siempre de manera impecable, apoyando, construyendo, afianzando, la mayoría de las veces sin entender muy bien mis caminos evolutivos. Su amor incondicional ha hecho posible este proyecto. Por supuesto quiero agradecer a mis hijas, seres de luz que me han hecho crecer, al recordarme con su amor como era yo antes de sucumbir en mi propia experiencia terrenal, su comprensión y aceptación y amarme como soy. A Negrita, la perrita de mi mujer, que se ha pasado todo el tiempo echada en mi regazo acompañándome y llenándome de amor mientras escribía este libro. A veces he llegado a pensar que me la han enviado de las estrellas para ayudarme en mi propósito.

Y, aunque no le guste el protagonismo, a mi amiga Aintzane que me ha empujado directamente a documentar esta materia al realizar por iniciativa propia la transcripción detallada de las inducciones canalizadas de Luz Pura Solar. Gracias por tu sabiduría y por incitarme a dar detalles y explicación de muchos de los conceptos en torno a los cuales se ha escrito el libro.

También a todas las personas que no nombro pero que sabéis que estáis en mi corazón por mantener la ilusión de bajar el cielo a la Tierra y generar con vuestros actos una vida realmente humana en el planeta.

Por último, a todas las personas conocidas o desconocidas que facilitáis a otros la vida día a día, especialmente en este caso a Óscar Mateo y a Marta Prieto por estar en su propósito dispuestos a generar la oportunidad de publicar este manual práctico de inteligencia espiritual de las estrellas.

Gracias, gracias, gracias. Luz Pura Estelar para todos.